U0558567

中原作家群年谱丛书

徐洪军　主编

年谱

吴圣刚　著

郑州大学出版社

图书在版编目（CIP）数据

二月河年谱／吴圣刚著. -- 郑州：郑州大学出版社，2024.9
（中原作家群年谱丛书／徐洪军主编）
ISBN 978-7-5645-9981-2

Ⅰ. ①二… Ⅱ. ①吴… Ⅲ. ①二月河(1945-2018) - 年谱 Ⅳ.
①K825.6

中国国家版本馆 CIP 数据核字（2023）第 201689 号

二月河年谱
ERYUEHE NIANPU

策划编辑	李勇军	封面设计	孙文恒
责任编辑	暴晓楠	版式设计	孙文恒
责任校对	王晓鸽	责任监制	李瑞卿

出版发行	郑州大学出版社（http://www.zzup.cn）
地　　址	郑州市大学路 40 号（450052）
出 版 人	卢纪富
发行电话	0371-66966070
经　　销	全国新华书店
印　　刷	河南瑞之光印刷股份有限公司
开　　本	890 mm×1 240 mm　1／32
印　　张	9.75
字　　数	207 千字
版　　次	2024 年 9 月第 1 版
印　　次	2024 年 9 月第 1 次印刷

书　　号	ISBN 978-7-5645-9981-2	定　　价	68.00 元

本书如有印装质量问题,请与本社联系调换。

"中原作家群年谱丛书"总序

程光炜

2011年秋冬之际，我到常熟理工学院林建法、丁晓原二位先生刚创办不久的《东吴学术》杂志做客。其间与建法先生谈起，能否在该刊开辟一个"当代作家年谱"栏目。一年后，在人大文学院再次跟他聊起此事，不承想，这个原本遥不可及的目标，已在他手里实现。如果我没记错，"中原作家群年谱丛书"的个别年谱的"简编"，就曾经刊载于这家杂志。但我不知道，这套年谱丛书的策划起意，是否与这件事情有关。

在当代文学史上活跃着一大批河南籍或者长期在河南生活、工作的作家，他们中的一些人已经在中国文坛上产生了重要影响，如姚雪垠、魏巍、李準、李季、白桦、张一弓、二月河、周大新、李佩甫、刘震云、李洱等。对于当代文学中的河南籍或者长期在河南生活、工作的作家来说，这套"中原作家群年谱丛书"对于他们生平事迹、生活道路、创作情况的介绍，对于他们不再以作品"制造者"，同时作为写作了这些故事的作者的"生活史"，出现在研究者和广大读者的视野中，是有很大的意义的。据我粗陋的印象，此前这些作家中的有些人，不仅从无一本"研究资料"，更谈不上"年谱"；所以，我想"中原作家群年谱丛书"的问世，对于河南当代文学研究，对于中国当代文学研究，切实提供了一批难能可贵的基础性的文献材料。

在文学批评之后，与文学史研究同步开展的作家传记、年谱和其他材料的整理，在近些年越来越受到当代文学研究界的注意，相关研讨会也此起彼伏。但是作为将这些工作进一步细化、深入化的年谱整理及研究，则是一项更为寂寞、艰苦和长期的基础性研究。由此可见本套丛书所经历的过程，作者所付出的努力，以及从初稿、统稿到出版的日日夜夜。

此前，信阳师范大学文学院就已经组织出版了两辑共23卷的"中原作家群研究资料丛刊"，现在又推出这套"中原作家群年谱丛书"，可以看出他们对中原作家群研究的逐步深入，这是特别值得肯定的地方，也借此机会向他们表示祝贺。

2023 年 11 月 3 日记于北京

目　录

contents

凡例

一、在中国当代文学史，尤其是新时期文学史上，河南作家占有十分重要的地位。从 1906 年出生的著名诗人苏金伞，到 1994 年出生的知名作家小托夫，在中国文坛上产生过较大影响的河南作家有近 40 位。在十一届茅盾文学奖 53 位获奖作家中，河南作家占了 10 位。为了总结当代河南文学的实绩，为此后的当代河南文学研究奠定基础，我们编著了这套"中原作家群年谱丛书"。

二、本丛书之谱主均为河南作家。其判断标准是，该作家或出生于河南——这种情况在本丛书中占绝大多数，或长期在河南工作、生活，主要作品在河南创作发表——如二月河，或在文化血缘上与河南有着十分密切的关系——如宗璞。

三、每位作家编著年谱一册，以呈现该作家的文学活动为重点，兼及中国文坛、河南文坛的相关问题。

四、每册年谱一般包括作家小传、年谱正文、参考资料、附录、后记等五部分。

五、年谱正文一般包括本年度大事记、作家活动、作家研究相关文献。

六、年度大事记选取该年度与作家生活、创作有关联、有影响的，或者对中国文学有较大影响的事件录入。全国社会生活、文学活动资料很多，从严录入；河南省文学活动资料整理有限，尽可能详细；各位作家出生、求学、工作、生活地域的资料依据不同作家灵活处理。

七、作家活动。

1. 作家年龄使用虚岁，即出生当年为一岁，以此类推。

2. 引用文献和人物介绍均使用脚注。

3. 正文中如有需要解释说明的内容，则不使用脚注，而用"按"；如有多条按语，则用"按一""按二"标识。每个作家的具体内容由编著人灵活处理。

4. 为了更为直观地呈现作家的文学活动，一般在年谱相应位置插入一些图片。这些图片主要包括作家及相关人物照片、作品发表期刊照片、作品版本照片、作家参与活动照片、重要地标照片等。

5. 如有可以直接引用的文献，一般原文引用，以显示"无一字无出处"；如需要引用的文字太多、太长，则由编著人概述。直接引用文献包括两类，一类是公开发表文献，将注明出处；作家日记、书信等一手文献原文，引用次数较多的，可以不用一一标明。

八、研究文献。

1. 一般研究文献只列作者、题目、报刊、出版年月等信息，如果该文献比较重要，则视情况概述该文献主要观点。

2. 研究文献归属年份：一般作品的研究文献，放到该文献发表年份表述；重要作品的研究文献，为方便读者了解该作品的研究现状，一般在该作品发表、出版年份将其所有研究文献集中展示。

九、附录的内容可以包括但不限于作家的创作年表、作家佚文或稀见作品文本、比较重要的作家访谈等。

二月河小传

二月河，原名凌解放，原籍山西省昔阳县，出生于 1945 年 11 月。其出生时正值抗日战争胜利后，国民党政府重新发动内战的时期，父亲凌尔文和母亲马翠兰为这个新生儿取名为凌解放，就是寄托着全国早日解放、人民过上和平幸福生活的期盼。

伴随着解放战争的进程，凌解放的父母先后辗转河南的陕州、栾川、洛阳、邓县（现为邓州市）等地。解放军占领南阳后，凌解放的父母分别留任邓县武装部部长和法院副院长。因忙于公务，父母常常让凌解放独守在家，要求他"多看书，多学习"。凌解放一个人在家无所事事，只得按照父母的要求读书，先后读完了《三国演义》《西游记》《水浒传》《王子与贫儿》《钢铁是怎样炼成的》等中外文学名著。他不但被书中跌宕的故事吸引，还常被书中那些赤胆报国、驰骋疆场的将士壮举感动，胸中养成了崇尚英雄的情结，立志长大后投笔从戎，定要轰轰烈烈，不枉此生。凌解放就是在这样的状态下，依着自己的本性，读完了小学、初中、高中。

1968 年年初，高中毕业后的凌解放，怀揣着一腔英雄情结，带着当将军的梦想入伍。这是他人生的重要起点。

他和来自南阳的 1500 名新兵被带到了山西太原，成了解放军工程兵，钻入地下挖坑道、挖煤矿，这让他感觉当将军的梦想成了泡影。但他骨子里就有成长成才、建功立业的强烈愿望，挖煤打山洞争先，读书学习也要当模范。在施工中，他总是冲在前、干在前，哪里危险多他就出现在哪里，他被水淹过，被炮崩过，被电打过，房屋塌了被扣住过，还出过车祸，真可谓九死一生。艰苦的生活，并没有让凌解放忘记读书，劳累了一天的战友们早已鼾声如雷，而他偷偷地在被窝里用手电筒看"毛著"（毛泽东著作）。战友们评价他读书如饥似渴，地上的报纸他要捡起来看个遍，飘落在地上的日历纸片他也要拾起来弹掉灰尘看一看，那个环境中所有的文字都别想逃过他的眼睛。

部队首长发现凌解放热爱读书学习，就把他调到团部当了通讯报道员，这让他有了发挥特长的机会。他写的通讯、报道经常见报，甚至还上了《解放军报》，这让他名声大振。最重要的是，他工作在部队机关，更有时间读书，也能够接触更多的书。团里办了图书馆，凌解放就一头扎进书堆里，成了"书虫子"。在军营的 10 年，凌解放只顾读书不问路，看到什么书，就读什么书，大部头二十四史、《辞海》、《聊斋志异》翻来覆去地读，各种杂书也不放过，孜孜不倦地自学，夯实了自己的思想水平和知识结构。他的聪明才智在部队得到充分发挥，先后入党、提干，还获得全国职工自学成才奖，一切水到渠成。

1978年，凌解放转业回到南阳市委宣传部当了一名干事。这是他人生的重要转折。

工作、生活和心情平静之后，凌解放根据熟读《红楼梦》的感悟，开始研究他钟爱的《红楼梦》。1980年，他将一篇颇为得意的发轫之作《史湘云是"禄蠹"吗?》寄到有关刊物，但杳无音信。他不服气，给红学专家冯其庸写了一封信，并寄去稿子，请冯老指点、评判。他在信中写道："'红学'是人民的，不是'红学家'的。如果冯老看过后认为我不是这方面的料，就请回信，我再也不搞这方面的研究了。"冯其庸很赏识这篇论文，后来带着他参加了第二届全国《红楼梦》学术讨论会，称赞他的论文"想象丰富，用笔细腻，是小说的笔法"。冯其庸鼓励他用此笔法写小说。在冯老的启发下，他开始了文学创作。但是，他写的电影剧本《刘秀》《康熙》寄给上海的杂志社，以退稿告终。再寄到省内的几家刊物，同样没有摆脱失败的命运。

1982年9月，凌解放赴沪参加红学研讨会。会上，有学者叹息：康熙在位61年，诗文、音乐样样精通，治国有功，却没有文学作品来表现他。凌解放像在部队点名喊立正一样，腾地站了起来："我来写!"这是他人生方向的关键性调整。

从那时起，凌解放开始了他创作上的艰难沙漠之行……经过两年多对康熙的反复考证，以及对大量的野史、清人笔记小说寻幽发微，钩言稽沉，感受体味风土人情、官场世态和时代风貌，凌解放已是成竹在胸，他开始了首部扛鼎之作《康熙大帝》的创作，冬寒夏暑，锲而不舍，每日少则千余字，多则上万字。1989年，四卷共150余万字的《康熙大帝》创作完成，一卷至四卷由黄河文艺出版社出版，香港、台湾也相继推出繁体字竖排版本。正是在创作《康熙大帝》这部小说时，凌解放给自己取了个笔名：二月河。他解释二月河的寓意是：凌者，冰凌也；解放者，开春解冻也。冰凌融解，不正是人们看到的二月黄河的景象吗？1989年，《康熙大帝》获河南省改革十年优秀图书一等奖。1992年，《康熙大帝》获河南省首届文学艺术优秀成果奖。1994年，根据《康熙大帝》第一卷《夺宫》改编的电视剧《康熙大帝·玄烨夺宫》在中央电视台黄金时间播出。随着《康熙大帝》走红，二月河这样一个作家被人们接受，知道凌解放的人却不多。

1990年至1994年，他又创作了《雍正皇帝》三卷共120余万字，由长江文艺出版社出版，香港、台湾也竞相出版发行。《雍正皇帝》于1995年获湖北省优秀图书奖，1996年获河南省第二届文学艺术优秀成果奖。根据《雍正皇帝》改编的电视剧《雍正王朝》，1999年在中央电视台播出，引起全国轰动，受到文艺界及广大群众好评。在1995年10月的第三届茅盾文学奖初评读书班上，《雍正皇帝》在参评的120多部作品中，最为20多位评委看好，在无记名投票中，以历史小说第一名入围20部候选作品。评论家纷纷撰文，称赞它是"当代及至近代以来历史小说创作的最为重大收获"。1994年至1996年，他又以惊人的速度，凭借超常的劳动，向读者推出了"帝王系列"第三部《乾隆皇帝》前三卷——《风华初露》《夕照空山》《日落长河》，共120余万字。《乾隆皇帝》出版后，同样被改编为电视剧，在中央电视台黄金时段播出，形成一股历史剧热潮。520余万字的"落霞三部曲"好评如潮，图书多次再版，中国台湾、香港等地已出版了"帝王系列"的中文繁体字版。美国、日本、加拿大等地凡是有华人的地方，都知道了二月河。2000年3月，美国中国书刊、音像制品展览会组委会授予二月河"海外最受读者欢迎的中国作家"奖。

二月河学业只读到高中，没有上过大学，属于自学成才，先前名不见经传，但长期勤奋读书，胸有万卷，厚积薄发。四十多岁开始写《康熙大帝》，突然崛起，大器晚成。"落霞三部曲"让二月河成为当代最著名的历史小说家。

此后，他的创作计划转向晚清，重点描绘同治中兴四名臣：左宗棠、曾国藩、李鸿章、张之洞。其他小说还有《燧火五羊城》《胡雪岩》等，另有多部散文随笔集。

二月河是国家一级作家，河南省优秀专家，享受国务院政府特殊津贴。1995年，当选南阳市文联副主席，被誉为"南阳的形象大使和文化名片"。

2011年6月26日，二月河受聘担任郑州大学文学院院长，2013年12月，被推选为河南省文联名誉主席。他曾当选为党的十五大、十六大、十七大、十八大、十九大代表，同时是全国第十届、十一届、十二届人大代表。

二月河还被聘为河南大学等多所国内大学的兼职教授。

2018 年 12 月 15 日，二月河在北京逝世，享年 74 岁。

1945 年　1 岁

4 月 23 日至 6 月 11 日，中国共产党第七次全国代表大会在延安召开。大会把马列主义与中国具体实际相结合的理论成果命名为毛泽东思想，并将毛泽东思想确立为全党的指导思想，全党在毛泽东思想基础上达到空前的团结和统一。

8 月 15 日，日本投降；9 月 2 日，日本签订无条件投降书。

8 月 29 日至 10 月 10 日，重庆谈判。经过 43 天谈判，国共双方签署《政府与中共代表会谈纪要》，即 "双十协定"。

11 月 3 日（农历九月二十九日）　出生在山西省昔阳县凌家大院的 "喜" 字院中。二月河出生在一个书香门第，家族的血脉里流动着难以释解的文人情结。"他的祖辈兄弟四人中有一举人、一廪生、一秀才。他的亲祖父虽也读过不少书但没有得过功名。中过举的爷爷在前清是个康梁维新派。他的父亲和伯父也是读书人。伯父曾任晋冀鲁豫边区政府的督学，后牺牲在河北省武安县（现为武安市）的白草坪村。他父亲凌尔文立过赫赫战功，曾任县武装部部长、县委书记。"① "他的母亲马翠兰，是位女中豪杰，新中国第一代警察。1947年就在昔西县当过一区的妇联主任，公安局的侦查股股长。1948年南下后，骑马挎枪，在伏牛山中剿匪，使土匪闻风丧胆。中华人民共和国成立后，她当过陕县公安局副局长，县法院副院长，1965年病逝，时年45岁。他的祖父是位开明绅士，坚决拥护中国共产党，积极支持抗日救国。1937年，深明大义的老人就将自己的两个儿子——二月河的父亲与伯伯，同时送到革命队伍，参加了抗日斗争。二月河的伯伯参加革命后，曾在太原、晋绥边区开展抗日活动。1942年，他在河北省白草坪参加党的会议时，被叛徒出卖，在突围时英勇牺牲，年仅25岁。他是我党抗日时'白草坪事件'中有名的'五烈士'之一。二月河的姑姑、姑夫、舅舅、姨姨、姨夫等都是解放前参加工作的老革命。姨夫也是位抗日战士，在一次战斗中光荣牺牲。两位烈士牺牲后，二月河的父母一直将这两位烈士的子女带在身边抚养，供他们上学，直到培养成人，参加了革命工作。"②

严格地说，凌解放这个名字，并不是他的父母起的名字。"二月河生于抗战结束之际，其时正是昔阳解放、抗日战争胜利和上党战役大捷中，父亲和战友们高兴，为这个新生儿取名为

---

① 冯兴阁、梁桦、刘文平主编《聚焦"皇帝作家"二月河》，广东人民出版社，2003，第132页。

② 李再新：《身经百战一老兵——访二月河父亲凌尔文》，《山西老年》2000年第10期。

凌解放，谐音临解放，盼望和迎接全国解放。"① 所以，凌解放这个名字，饱含着二月河的父母和父母的战友们的期盼。

父母对于二月河的影响是深远的。"'父亲给我的主要影响是智慧。'二月河这样说。……二月河从小在父亲的熏陶下，13岁便会赶围棋，下象棋。后来在研究清史的同时，又研究了康熙年间流传的《梅花谱》《心武残篇》《韬略之机》和嘉庆年间出版的《竹香斋》等象棋谱，对象棋的渊博知识和制胜战术自是高过常人。他曾与来访的日本朋友谈起他对象棋的历史、象棋与兵法、与治国安邦、与各种事业、功业相通相生的哲学机理、文化内涵，惊得对方瞠目结舌。……但是，二月河也认为，父亲给了他另外的影响，比如急躁。……母亲给我的主要影响是勇敢和善良。说到母亲，二月河总是充满感情：'母亲是女英雄。''母亲聪明美丽果敢刚毅。''我始终从母亲的形象得到力量，无法形容的力量。'……母亲的形象，成为他人生旅途上无法形容的力量，尤其在艰难困苦的时候。他后来从事写作，表现出的那种超常的坚韧不拔精神，那种耐苦坚毅的品格，都来自母亲地地道道的家教。"②

二月河从出生起就和黄河有着很深的渊源。而黄河给予二月河的，也不仅仅只是一个名字，更是一生取之不竭的财富。"二月河的祖籍昔阳县南庄门前有条铺沟河，每逢二月春来，冰

---

① 鲁钊：《直面"皇叔"二月河》，河南文艺出版社，2011，第75页。
② 孙苏：《二月河与他的父母》，《源流》2002年第2期。

河化开，喧嚣的河水驮着一群一队的凌块，追逐簇拥着缓缓向南奔流。这是幼时的二月河对凌水的印象。"①

① 鲁钊：《直面"皇叔"二月河》，河南文艺出版社，2011，第 77 页。

1947 年　3 岁

3 月，国民党军队在全面进攻受挫的情况下，对陕北和山东解放区改行重点进攻。

6 月，刘邓大军挺进大别山，开始战略反攻。

初冬　二月河的母亲马翠兰奉命过黄河南下。太行山下，正值严寒的冬天，母亲抱着层层包裹的二月河南渡黄河，严酷的现实，紧张的行程，使其疏忽了孩子，二月河在包裹中几乎窒息。二月河的舅舅不闻孩子声息，察觉不对劲，提醒姐姐看看二月河。打开包裹，二月河已憋得奄奄一息，解脱包裹，二月河才慢慢缓过劲来。是舅舅救了他的命，不然，这世界上恐怕就没有了文学家二月河。

1948 年　4 岁

1948 年 9 月 12 日至 1949 年 1 月 31 日，中国人民解放军同
国民党军队进行战略决战，包括辽沈战役、淮海战役、平津战
役三场战略性战役。辽沈、淮海、平津三大战役，无论战争规
模还是取得的战果，在中国战争史上都是空前的，在世界战争
史上也罕见的。这三大战役共歼灭国民党军队 154 万余人，为
中国革命在全国的胜利奠定了基础。

是年　二月河随任栾川县公安局侦查股股长的母亲马翠兰
住在公安局家属院。这一年里，二月河经历了两次危险：一次
是狼口脱险，一次是险被倒塌的房屋掩埋。1948 年秋天的一个
夜晚，母亲出去开会，没有锁门。一只饥饿的老狼，从破仓库
的水道口钻进来，后因为屋内有灯，怕光钻进了床底。后半夜，
母亲回来，听见床底有动静，仔细辨别不是人，就反手向床下
开了一枪。狼钻进外间，从窗户上跳出逃跑。二月河因此避过
一劫。而"房子坍塌"在二月河少年时期经历了不止一次。

1948 年夏天，汛期雨大，二月河一家在栾川住的土坯房禁不住大雨冲刷，整体塌方，所幸父亲凌尔文强行提前搬家，才避免了恶性事故的发生。

二月河在《密云不雨》中描写过他记忆中的栾川县公安局："栾川县公安局设在一个很大的四合院，不止一进，院落很深，母亲就住在第一进院的西厢房里，前面庭院是几株梧桐树。出了大门一片空场，大约是打麦场，场西北是几株高大的梨树——西厢房背靠院外，是大山，长着茂密的杂树。"① 栾川在二月河的生命历程中具有特别的意义，凌解放童年时期在栾川生活四年，他自称栾川是自己的启蒙地，是第二故乡。

---

① 二月河：《密云不雨》，作家出版社，2007，第 111 页。

1951 年　7 岁

3月28日至4月9日，中共中央召开第一次全国组织工作会议。刘少奇作报告和总结。会议通过《关于整顿党的基层组织的决议》。

4月11日，魏巍的散文《谁是最可爱的人》在《人民日报》发表。

5月12日，周扬在中央文学研究所（后改名文学讲习所）作《坚决贯彻毛泽东文艺路线》的演讲。

5月20日，毛泽东为《人民日报》写的社论《应当重视电影〈武训传〉的讨论》发表，从而在全国范围内展开对电影《武训传》的批判。

5月23日，中央人民政府全权代表和西藏地方政府全权代表在北京签订《关于和平解放西藏办法的协议》（简称"十七条协议"），宣告西藏和平解放。10月26日，人民解放军进藏部队进驻拉萨。

6月，《解放军文艺》（月刊）创刊。

9月29日，周恩来向北京、天津高校教师学习会的教师作《关于知识分子的改造问题》的报告。11月30日，中共中央发出《关于在学校中进行思想改造和组织清理工作的指示》。知识分子思想改造运动广泛开展起来，到1952年秋基本结束。

12月23日，中共北京市委授予老舍"人民艺术家"的称号。

是年 二月河随父母离开栾川，到达陕县（现为陕州区）。7岁的二月河在陕县县城入小学上一年级。小学距宝轮寺塔约五十米，离黄河非常近，于是，黄河边的太阳渡、羊角山等自然景观，成为他经常玩耍的地方，也是他童年的乐园，成了他记忆深处最难忘的地方。

二月河称，陕州对他的影响很深，他幼年时期随父母在陕州城生活多年，对陕州这个地方的感觉十分温馨。在二月河的母亲1965年去世之前，其间的多数时间，二月河和父母都在漂泊当中，在陕州这一段时间，母亲可以说是全身心地和二月河在一起。所以，在陕州生活的这段时间给二月河留下了终生难以忘怀的记忆。此外，二月河随着父母住在黄河边的羊角山旁，县城邻着黄河，黄河的色、黄河的纤夫等都给二月河留下了最直观、最深刻的印象。对于黄河，二月河有着非同寻常的感情，他曾说："我就是太阳渡的孩子，就是黄河的儿子。"二月河一直念念不忘三门峡这些山、水、人……他多次描写过黄河以及岸边陕州城的风情。"二月河"笔名的来历以及闻名海外的《康熙大帝》等系列作品也源于这段生活。"落霞三部曲"的系列名称与二月河小时候所见的黄河落日的景象有关。

二月河曾回忆道："6 岁的时候，有个同学在看《西游记》小画本，我一下子就给吸引住了。五六岁时，我们几个小朋友一起看黄河，那时黄河大得很，有一个小朋友就说：哎呀，我要是孙悟空就好了，腰一扭就过去了！那是我第一次听到孙悟空的名字。后来他们把《三借芭蕉扇》拿来，我一下子爱不释手，陆续把《西游记》连环画都收集了，看得很入神。隔着新华书店临街的玻璃橱窗，我看见里面摆着《西游记》，吮着指头看，看了多少次，狠狠心朝家里要了。我爸爸看我太喜爱《西游记》，就给我买了原著。父母要求我把功课弄好，不主张看课外书，但是正规出版的书，我只要特别喜欢，他们也将就我。《西游记》使我养成活泼跳脱的思维习惯。从《西游记》的结构来讲，我不是很欣赏，一个个故事连在一起，给人印象就像山楂一样穿成一串，这种结构艺术性不够，这是后来的事了。《西游记》的语言也很活泼，表述事物的能力很强，尤其是对明代的一些东西，对管理制度、人神佛之间的关系，在其他书里找不到。"①

---

① 二月河：《少时读〈西游〉》，《中华读书报》2011 年 6 月 8 日第 14 版。

1958 年　14 岁

1 月 1 日，马烽的中篇小说《三年早知道》发表在《火花》1958 年第 1 期。同月，周立波的长篇小说《山乡巨变》开始在《人民文学》上连载；6 月，由作家出版社出版。

1 月 11 日，茅盾的《夜读偶记——关于社会主义现实主义及其他》开始在《文艺报》第 1 期连载，以后陆续在第 8 期、第 10 期刊出。

1 月 26 日，《文艺报》第 2 期的"再批判"专栏，对丁玲、王实味、艾青、罗烽等人在延安写的《三八节有感》《在医院中》《野百合花》《还在杂文时代》《了解作家，尊重作家》等再次进行批判。同月，杨沫的长篇小说《青春之歌》由作家出版社出版。

2 月 28 日，《人民日报》和《文艺报》第 5 期发表了周扬的《文艺战线上的一场大辩论》。

3 月 22 日，毛泽东在成都会议上的讲话提出要搜集一点民歌，并说："中国诗的出路，第一条是民歌，第二条是古典，在这个基础上产生出新诗来，形式是民歌的，内容应该是现实主义与浪漫主义的对立统一。"5月，他在中共八大二次会议上提出，无产阶级文学艺术应采用"革命现实主义和浪漫主义"相结合的创作方法。

3月，《茅盾文集》《巴金文集》《叶圣陶文集》开始出版。

3月，茹志鹃的短篇小说《百合花》发表在《延河》第3期。

3月，李劼人的长篇小说《大波》（修改本第一部）由中国青年出版社出版。

4月14日，《人民日报》发表社论《大规模地收集全国民歌》，不久在全国出现"新民歌运动"。

5月5—23日，中共八大二次会议召开，正式通过"鼓足干劲、力争上游、多快好省地建设社会主义"总路线。会后，"大跃进"运动在全国展开。

8月，赵树理的短篇小说《"锻炼锻炼"》发表在《火花》第8期，后被《人民文学》转载。

9月，刘澍德的中篇小说《桥》由人民文学出版社出版。同月，全国报刊发表文章讨论革命现实主义和革命浪漫主义相结合的创作方法。这一讨论延续到次年。

9月2日，我国第一座电视台——北京电视台正式开播。1973年10月1日正式播出彩色电视节目。1978年5月1日改称中央电视台。

9月，《中国青年》《读书》《文学知识》等刊物开展巴金小说重评的讨论。

11月2—10日，毛泽东在郑州召集中央工作会议。此后到1959年7月庐山会议前，相继召开一系列会议，初步纠正已经察觉到的"大跃进"和人民公社化运动中出现的"左"的错误。

12月，《毛泽东论文学与艺术》由人民文学出版社出版。

本年《诗刊》《文学评论》《处女地》《星星》等杂志，展开了学习新民歌和新诗发展道路的讨论。这个讨论一直延续到1959年。本年度出版的主要作品还有：小说《白洋淀纪事》（孙犁）、《敌后武工队》（冯志）、《在和平的日子里》（杜鹏程），诗歌《西郊集》（冯至）、《雪与山谷》（郭小川），散文《早霞短笛》（柯蓝），论文集《社会主义现实主义论文集》（第一集，第二集1959年出版），等等。

是年 二月河小学毕业。父母调往邓县工作。因中考的结果没下来，二月河一个人留在洛阳。父母都已调走，二月河搬离了内院正房，住进了门房，而后门房塌方，不能住了，母亲马翠兰从邓县赶来，把二月河接走。16岁时父母又调离邓县，他又一人留在邓县。后于南阳市第三高中毕业。

二月河的学生时期因父母工作调动而频繁转学，而且经常独自生活，这培养了二月河的个性和独立意识。"多读书，多学习"是父母教育的口头禅，这句话看似很简单，但是让二月河养成了喜欢看书的好习惯，先后读完了《三国演义》《西游记》《水浒传》《王子与贫儿》《钢铁是怎样炼成的》等中外文学名著。

1965 年　21 岁

2 月 18 日，繁星（廖沫沙）的文章《我的〈有鬼无害论〉是错误的》刊登在《人民日报》上。

2 月，《文艺报》《文学评论》发表批判陈翔鹤的历史小说《广陵散》《陶渊明写〈挽歌〉》的文章。

2 月 26 日，中共中央、国务院作出《关于西南三线建设体制问题的决定》，成立西南三线建设委员会，以加强对三线建设的领导。

6 月，金敬迈的长篇小说《欧阳海之歌》（节选）在《解放军文艺》第 6 期、第 7 期上发表。

7 月 20 日，前国民党政府"代总统"李宗仁和夫人从海外归来，抵达北京。周恩来到机场迎接。27 日、31 日，毛泽东、刘少奇先后接见李宗仁夫妇。

9 月，西藏自治区宣告成立，首府设于拉萨市。

是年　二月河的母亲马翠兰病逝。

1968 年 24 岁

10 月 13—31 日，中共扩大的八届十二中全会召开。会议对刘少奇作出完全错误的政治结论和组织处理。1969 年 11 月 12 日，刘少奇在河南开封含冤逝世。1980 年 2 月，中共十一届五中全会为刘少奇平反昭雪。

12 月 22 日，《人民日报》发表毛泽东的指示："知识青年到农村去，接受贫下中农的再教育，很有必要。"全国掀起知识青年上山下乡的高潮。1978 年 10 月 31 日至 12 月 10 日，国务院召开全国知识青年上山下乡工作会议。会议决定调整政策，逐步缩小上山下乡的范围，有安置条件的城市不再动员下乡。到1981 年 11 月，城镇知识青年上山下乡运动结束。

年初 应征入伍。1968 年春节刚过，二月河和来自南阳的1500 名新兵，被带到山西，成了解放军的工程兵。这一年"文化大革命"的开始，使二月河的人生踏上了新的旅程。他的母亲在半年前离世，但是母亲留下的坚强意志和克服困难的毅力，令二月河受益终身，也让他对警察有着特别的感情。"父亲因为家庭成分问题以及所谓的历史问题，经常被审查，这时候也已经靠边站了。"①

初春 二月河和战友参加了治理汾河大会战。

冬 二月河所在连被派去大同"学工"，也就是"穿着军装做工人"。就这样，二月河在塞外大同胡家湾挖了一年煤。在挖

当兵时的二月河

---

① 鲁钊：《直面"皇叔"二月河》，河南文艺出版社，2011，第39页。

煤之余，他编快板，写唱词，出黑板报，写新闻，如小话剧《夺权以后》、快板书《胡家湾里风光好》、演唱剧目《黄芩茶与酸溜溜》等。二月河学写古诗词，如《过金沙滩闻杨家将故事有感》《过雁门关抒怀》《革命战士永忠诚》等，把战友中的突出事迹写成稿件，投到《山西日报》《战友报》《大同日报》，他的通讯作品还多次发表在《解放军报》上，激情写就的塌方事故中遇难的英雄战友尚春法的长篇人物通讯，在《解放军报》发表后在部队引起巨大轰动。二月河被评为先进工作者、"五好"战士，并光荣入党。二月河主要的自学生涯也是在当兵之后，他是个成功的自学成才者。

1969 年　25 岁

　　4月1—24日，中国共产党第九次全国代表大会在北京召开。大会肯定了"无产阶级专政下继续革命的理论"，使"文化大革命"的错误理论和实践合法化。党的九大在思想上、政治上和组织上的指导方针都是错误的。

　　4月28日，中共九届一中全会选举毛泽东为中央委员会主席，林彪为副主席。九届中央政治局第一次会议通过中共中央军委名单，毛泽东任主席。

　　是年　党的九大召开，团政治处培养宣传人才，二月河被调到政治处宣传股，当上了新闻报道员。从此，二月河离开胡家湾煤矿，结束了塞外的挖煤生活。在新的工作岗位上，二月河又写诗《感怀》。而且，二月河在政治处工作，有了学习的条件——政治处有一个小型的图书馆。"二月河非常珍惜这个得天独厚的条件，翻出来什么书就读什么书，古今中外，大量涉猎，从《红楼梦》《史记》《资治通鉴》《后汉书》《三国演义》《西游记》，到《悲惨世界》《牛虻》《三个火枪手》《名利场》《斯巴达克斯》《战争与和平》，甚至于《奇门遁甲》《麻衣神相》《柳庄相术》《玉匣记》《推背图》都大量涉猎，这为他以后建构宏大的内容、繁杂的惊世之作，让帝、王、将、相、兵、农、侠、盗、妓、卜、匪、僧等众多面目跃然纸上，奠定了坚实的基础。"①

① 鲁钊：《直面"皇叔"二月河》，河南文艺出版社，2011，第100页。

1973 年　29 岁

3 月 29 日，根据毛泽东的意见，周恩来主持中共中央政治局会议，决定：邓小平正式参加国务院业务组工作，并以国务院副总理身份参加外事活动。12 月 22 日，中共中央发出通知：邓小平参加中央和中央军委的领导工作。

是年　二月河被任命为十三连副指导员。二月河回到战士们中间。也就是在这一年，二月河结识了赵菊荣，二人喜结连理。

1978 年　34 岁

1 月，《新闻联播》正式开播。

12 月 18—22 日，中国共产党第十一届中央委员会第三次全体会议在北京召开。全会冲破长期"左"的错误的严重束缚，彻底否定"两个凡是"的错误方针，高度评价关于真理标准的讨论，重新确立了党的实事求是的思想路线。

是年　二月河所在的工程团胜利完成国防施工任务，根据全军精减整编方案，建制撤销，他脱下戎装，转业回到南阳，结束了十年的军旅生涯。

军旅十年，是二月河重要的学习时期，夯实了他的思想作风和知识结构，是他人生中的黄金岁月。二月河也曾说："没有部队的培养，就没有今天的二月河。"

从部队转业至原南阳市委宣传部的二月河，业余时间开始研究《红楼梦》。

1981 年　37 岁

　　3 月 14 日，茅盾致信中国作协书记处，表示"捐献稿费 25 万元"，希望"作为设立一个长篇小说文艺奖金的基金，以奖励每年最优秀的长篇小说"。3 月 27 日，茅盾在北京逝世。4 月 20 日，中国作协主席团召开会议，决定成立茅盾文学奖金委员会，由中国作协副主席巴金任主任委员。10 月，中国作协主席团会议正式决定启动"茅盾文学奖"的评选工作，巴金任评委会主任。

　　8 月 3 日，全国思想战线问题座谈会在北京召开。会议的议题是加强党对思想战线的领导、改变涣散软弱的状态等问题。座谈会讨论了邓小平对中央宣传部门负责人的谈话。胡耀邦在会发表了重要讲话。胡乔木作题为《当前思想战线的若干问题》（《红旗》1981 年第 23 期）的报告。13 日，中国作协党组举行四次扩大会议和党组、书记处联席会议，学习、贯彻中央领导同志关于思想战线问题的重要指示，联系文学战线的实际和中国作协及其所属刊物编辑部的工作，开展批评和自我批评。此后，文联各地协会也相继召开了座谈会。

9月25日，鲁迅诞生一百周年纪念大会在北京召开，周扬作题为《坚持鲁迅的文化方向，发扬鲁迅的战斗传统》的报告。

9月30日，全国人大常务委员会委员长叶剑英代表中共中央、人大常委会、国务院，进一步阐明关于台湾回归祖国、实现祖国和平统一的九条方针政策。

11月16日，中国女排实现历史性突破，首次获得世界冠军，为国家赢得荣誉，振奋了全国人民的精神。

12月　二月河的《史湘云是"禄蠹"吗?》发表于《红楼梦学刊》第4期。1980年年初，二月河写出《史湘云是"禄蠹"吗?》等一系列文章，满怀希望地寄出，但最终杳无音信。年轻气盛的二月河写了一篇"声讨信"，寄给了当时《红楼梦学刊》的常务副主编冯其庸，直言"'红学'是人民的，不是'红学家'的。如果冯老看过后认为我不是这方面的料，就请回信，我再也不搞这方面的研究了"。这封信而后被红学家冯其庸看到，两人就此结缘。经过冯先生的推荐，《史湘云是"禄蠹"吗?》于1981年发表在《红楼梦学刊》第4期。也是因为冯先生，二月河被吸纳为《红楼梦》研究会的会员。红学家冯其庸先生称赞他的文章，"想象丰富，用笔细腻，是小说的笔法"，鼓励其积极创作小说，二月河的人生开始发生变化，于是他像研究"尖端武器"一样，开始了文学创作。随后二月河尝试创作了电影剧本《刘秀》《康熙》，未获得成功。寄给上海的杂志社，以退稿告终。后寄给省内的几家刊物，同样没有摆脱失败的命运。

1982 年　38 岁

9月1—11日，中国共产党第十二次全国代表大会在北京召开。邓小平致开幕词，胡耀邦作《全面开创社会主义现代化建设新局面》的报告。邓小平在开幕词中提出了"走自己的道路，建设有中国特色的社会主义"的重要思想。大会通过新的《中国共产党章程》，适应改革开放和社会主义现代化建设的需要，对党的民主集中制和各项组织制度、党的纪律作了更充分、更具体的规定。大会通过了《关于十一届中央委员会报告的决议》《关于中国共产党章程的决议》和《关于中央纪律检查委员会工作报告的决议》。

12月15日，首届"茅盾文学奖"授奖大会在北京举行，周克芹的《许茂和他的女儿们》、魏巍的《东方》、姚雪垠的《李自成》（第二卷）、莫应丰的《将军吟》、古华的《芙蓉镇》、李国文的《冬天里的春天》等获奖。

9月　第二届全国《红楼梦》学术研讨会在上海召开。会议间隙红学家们谈论清史，由曹雪芹的祖父曹寅谈到了康熙。有学者提出，康熙除鳌拜，平三藩，解决台湾、新疆问题，融合满汉文化，促进民族统一，如此文治武功、雄才大略之人杰，居然至今仍无一部像样的写他的文学作品。一旁的二月河突然发言："我来写！"大家皆一笑了之。就是在这次会议，二月河作出了创作《康熙大帝》的决定。二月河后来引用白居易的两句诗形容自己是"策蹇步于利足之途，张空拳于战文之场"。"从那时起，二月河开始了他创作上的艰难沙漠之行，白天他带着无人照看的女儿上班，因为不愿使自己原本年年获奖的分内工作干砸，所以拼命地干好本职工作。晚上在全家居住的 29 平方米的斗室里，铺上满地报纸，蹲在上面汗流浃背地查资料。整理资料时，为了不使手臂沾稿纸，他在两臂上缠满了一圈干毛巾，每天晚上都熬到凌晨两三点。经过两年多对康熙的反复考证，以及对大量的野史、清人笔记小说寻幽发微，钩言稽沉，感受体味风土人情、官场世态和时代风貌，二月河已是成竹在胸，他开始了首部扛鼎之作《康熙大帝》的创作，冬寒夏暑，镂而不舍，每日少则千余字，多则上万字。"①

---

① 李霄山、王建新：《梦断军营始得金——记著名作家、优秀转业军官二月河》，《中国民兵》1999 年第 4 期。

1983 年　39 岁

10 月 11—12 日，中国共产党第十二届中央委员会第二次全体会议隆重召开。邓小平在会上发表了题为《党在组织战线和思想战线的迫切任务》的讲话，内容涉及全面整党和"清除精神污染"的问题。

6 月 9 日　二月河因为爱好集邮，出席了南阳市集邮协会第一次代表大会，并被推选入由 13 人组成的首届理事会。以本名凌解放在《南阳日报》和《河南集邮》发表邮事活动的报道。而后在南阳第二届、第三届集邮协会上，他再次被推选为理事。

12 月　二月河的《凤凰巢和凤还巢——另一个王熙凤》发表在《红楼梦学刊》第 4 期上。

1984 年　40 岁

9 月 26 日，中国政府和英国政府在北京草签了关于香港问题的联合声明，确认中国将在 1997 年 7 月 1 日对香港恢复行使主权。为了保持香港的稳定和繁荣，中国政府决定对香港恢复行使主权以后维持香港的现行社会制度、经济制度、生活方式 50 年不变；在香港设立直辖中央人民政府的特别行政区，由香港当地人治理，享有高度的自治权。

12 月 29 日，中国作家协会第四次会员代表大会在北京召开。胡耀邦、万里等出席了开幕式。胡启立代表中共中央书记处向大会致祝词。中国作协副主席张光年向大会作了《新时期社会主义文学在阔步前进》的报告。会议通过了《中国作家协会章程》，选举了新的领导机构。

是年　二月河正式开始《康熙大帝》的创作。因在机关上班，二月河的写作多在晚上十点以后开始，至凌晨三点左右结束。"提及二月河的创作艰辛，了解他的人都说，古有头悬梁锥刺股，今有二月河的'烟灸腕'，每当深夜困顿难忍时，他就用烟头烫自己的手腕，如今他的手腕上全是斑斑烟烧伤痕。他说写作不但是一种资源消耗、体力消耗，而且是极大的感情消耗，为了康熙立书成卷，他甘为消得人憔悴了。他为自己作了一番生动的描述，称自己创作是在大沙漠上作疲劳的精神旅行，面对外面世界五彩缤纷的诸多诱惑，自己要求自己，穿过沙漠，前边就是一片等着自己的绿洲。"①

3月25日　冯其庸先生带着研究生外出进行学术考察。一行人最后到达南阳时，冯先生特意去看望二月河，并应二月河的请求，评阅他的《康熙大帝》书稿。

9月23日　冯其庸先生给二月河寄去《左宗棠年谱》，供二月河写作时参考。

---

① 李霄山、王建新：《梦断军营始得金——记著名作家、优秀转业军官二月河》，《中国民兵》1999年第4期。

1985 年　41 岁

1月5日，中国作协选举出第四届理事会。巴金当选中国作协主席，王蒙任常务副主席。丁玲、冯至、冯牧、艾青等为副主席。理事会推举9人组成书记处，唐达成、鲍昌任常务书记，杨子敏任秘书长。

3月26日，中国现代文学馆举行隆重的开馆典礼，巴金先生亲自主持，并发表了热情洋溢的讲话，胡乔木、王蒙同志发表了讲话，来自全国各地的200多位知名作家出席了开馆典礼。

4月，《中国作家》第2期发表王安忆的中篇小说《小鲍庄》、莫言的中篇小说《透明的红萝卜》。

5月20日，邓小平提出反对资产阶级自由化。

5月27日，中共中央颁布《关于教育体制改革的决定》。《中英关于香港问题联合声明》宣告生效。

7月6日，阿城的《文化制约着人类》发表在《文艺报》。在此前发表的有关"寻根文学"的主要文章有：韩少功的《文学的根》、李杭育的《理一理我们的根》、郑义的《我的根》

等。7月，刘心武的纪实性小说《5·19长镜头》发表在《人民文学》第7期。

9月，王蒙的长篇小说《活动变人形》（节选）在《收获》第5期发表，1987年由人民文学出版社出版单行本。

11月20日，中国女排成为世界排球史上第一支连续四次夺得世界大赛冠军的女队。

12月10日，第二届茅盾文学奖揭晓，李準的《黄河东流去》、张洁的《沉重的翅膀》（修订本）、刘心武的《钟鼓楼》获奖。

5月　冯其庸去四川考察，途经洛阳转车到南阳来看望二月河。二月河既高兴又着急，请冯先生在小屋里唯一的一张椅子上坐下，捧出三大摞厚厚的文稿：一摞是文学评论，一摞是读书心得《掇红集》，还有一摞是最新完成的《康熙大帝》第一卷《夺宫》前十章。二月河在后来回忆道："《康熙大帝》当时已经写了17万字初稿，可都是草稿，连勾带画，此转彼接，生人看生稿会很费劲。"于是，他便连夜赶工，抄出十章给冯先生看。冯先生看完后拍案叫绝，立刻表态："你的什么《掇红集》，还有什么红学论文都不要弄了，这样就好，这就是你的事业，写完后马上告诉我。"冯先生当时正在进行《红楼梦》的研究，也在大力推动红学研究，但他因材施教，没有把有才之士全都囊括到红学领域，而是按照年轻学人的特长，鼓励他们向某个方向发展。从这之后，二月河便沉浸在自己的创作中，但冯先生对二月河的关心并未因为不在同一领域而减少。

秋 小说家姚雪垠来到南阳，二月河因为写作事宜特意在南阳宾馆跟他见面。但是，二月河并没有从姚雪垠处得到太多的热情和鼓励。姚雪垠听了他要写《康熙大帝》的事，认为中国根本没有"大帝"之称。"这部书很难写。"他记住了姚雪垠的话。那是他们第一次，也是最后一次见面。

当天夜晚，二月河在怀疑和纠结的情绪中与冯其庸先生通了电话，并把姚先生说的意思传达给了冯先生。二月河在电话中跟冯其庸先生说明自己的定名意图并获得先生的支持：清人笔记里有"伟大"一词，并非今天赞美某人的人格力量或赋予政治色彩，而是说人的体格伟岸、魁梧。"大帝"一词在《史记》里也有出现，民间就流传有"玉皇大帝"。另外，俄国皇帝彼得一世与康熙同时期，被称为"彼得大帝"，中国人也可以称康熙是"大帝"。至于自己的写作初衷，是取清军入关，励精图治的新锐之气，弘扬爱国主义精神。后来，二月河的作品获得首届"姚雪垠长篇历史小说奖"，这是二月河用作品的成绩回报了冯其庸先生当年的鼓励和支持。

二月河回忆这些事情的时候总会说："冯老自幼出身寒门，一生坎坷，自学成才。他赏识我，或有出自同病相怜。"为感激提携之情，二月河曾拿出 5000 稿费送给病中的冯老，但被退回。后来他给中国红楼梦学会捐款 30 万元。

11 月 "康熙"系列第一卷《康熙大帝·夺宫》由黄河文艺出版社出版。

按一：二月河的作品，尤其是"落霞三部曲"，版本众多，本著只涉及最初版本。在中国香港、中国台湾及其他国家和地区出版的作品本著亦不涉及。

按二：后续版本将《康熙大帝·夺宫》改名为《康熙大帝·夺宫初政》。

《康熙大帝·夺宫》封面

在由黄河文艺出版社出版之前，二月河曾向一家省级出版社联系出版，但是未能成功。1983 年秋天，河南人民出版社文艺编辑处的资深编辑顾仕鹏（笔名顾仞九）先生听说之后，亲自赶赴南阳，见到了二月河和书稿。他进行了审阅后认为不错，并与二月河交换了修改意见，小说便于 1985 年由黄河文艺出版社出版。

按：为适应蓬勃发展的河南出版事业的需要，1984 年 11 月 20 日，文化部（今文化和旅游部）以文出字（84）第 1932 号文，同意成立黄河文艺出版社和河南美术出版社。黄河文艺出版社是在河南人民出版社文艺编辑处的基础上成立的，社号 385。1989 年，黄河文艺出版社被撤销。1996 年，河南文艺出版社成立。

二月河这个笔名，是凌解放年满 40 岁，正式出版《康熙大帝》第一卷时，才首次使用的。当时，为了给自己创作的长篇历史小说起个相配的笔名，他顺着"凌解放"的意思，给自己的作品署笔名"二月河"。二月河曾说："（对黄河）这个印象深极了，后来成就了'二月河'的我的这个笔名。"这个笔名的寓意有三："一是凌者，冰凌也；解放者，开春解冻也。冰凌融解，奔流不息，激荡入海，正是开春黄河的壮观景象。二是其幼年在黄河边长大，二月河特指母亲河，提醒自己任何时候都不要数典忘祖。三是蕴含党的十一届三中全会后，迎来文学艺术的春天。另外，还有祝愿，希望自己的写作开创新局，恰如黄河解冻，冰凌消融，浩浩荡荡，好不壮观！"[1] 二月河曾多次表示，"凌解放"之所以能成为"二月河"，正是源于改革开放，思想解放。二月河多次讲过，没有"真理标准大讨论"，他

---

① 鲁钊：《直面"皇叔"二月河》，河南文艺出版社，2011，第 75 页。

不可能创作出崭新的康熙、雍正、乾隆形象。

《康熙大帝》第一卷的蓝本原本是一部电影剧本，《夺宫》的雏本《匣剑帷灯》被接连退稿，而后二月河烧掉了《匣剑帷灯》的最后定稿，写出了 34.3 万字的《康熙大帝·夺宫》。《康熙大帝·夺宫》主要展现的是少年康熙的成长以及智除鳌拜等事迹。二月河以康熙为主要书写对象，塑造了鳌拜、伍次友、明珠、魏东亭、索额图、苏麻喇姑等一系列的人物形象。顺治十八年（1661 年），顺治弃世出家，立 8 岁的皇子玄烨为帝。念及皇帝太小，立索尼、遏必隆、苏克萨哈、鳌拜为辅政大臣。索尼病逝、遏必隆执中装病自保、苏克萨哈被鳌拜抄家处死，鳌拜恃功欺君，矫诏行逆，擅权乱国。外患未靖，内忧日迫，康熙的皇位岌岌可危。康熙为改变局面，在亲政后开科取士，拜伍次友为师，学习治国之术。康熙以御前侍卫魏东亭为主，以习功练武为名，组织了狼瞫、孙殿臣、穆子煦、郝老四、犟驴子等一批少年，等待时机以图大事。鳌拜在班布尔善等人的挑拨下，和康熙几经较量，矛盾更加尖锐，不可调和。最终，鳌拜称病在家，与班布尔善、济世、塞本得等人谋划刺杀康熙。康熙不动声色，只带魏东亭一人夜到鳌拜府上探望。康熙八年（1669 年）五月，经过周密的策划和安排，康熙在毓庆宫单独召见鳌拜，通过身边的一批侍卫最终智擒鳌拜，并将其党羽拔除干净。至此，康熙真正意义上执掌皇权，为清王朝的兴盛奠定了深厚的基础。

1986年　42岁

3月，莫言的中篇小说《红高粱》在《人民文学》第3期发表。

6月14日，中华文学基金会在北京成立，巴金任会长。

6月28日，邓小平在中央政治局常委会上讲话，着重谈了改革政治体制和加强法制观念问题。其要点是：（一）强调政治体制改革的必要性。他认为，我们所有的改革最终能不能成功，还是决定于政治体制的改革。只搞经济体制改革，不搞政治体制改革，经济体制改革也搞不通，因为首先会遇到人的障碍。（二）提出了党和政府的关系问题。他指出，关于端正党风和纠正不正之风的工作划分问题，其实是党和政府的关系问题，是一个政治体制的问题。有些属于法律范围的问题，由党管不合适。党干预太多，就会妨碍在全体人民中树立法制观念。党要管党内纪律的问题，法律范围的问题应该由国家和政府管。关于党和政府的关系，基本原则是：党管政府，党政分开，党要善于领导。他说，坚持党的领导，问题是善于不善于领导。党要善于领导，不能干预太多，搞不好倒会影响党的领导，恐怕是这样一个问题。（三）提出改革政治体制要稳妥。他要求，解决政治体制改革问题，要把主意拿好再下手。允许花时间搞调查研究，把问题理一理，然后再下手。（四）关于增强法制观念问题。首先，他认为这非常重要，这是由于我们国家缺少执法和守法的传统，现在这么多青年人犯罪，同文化素质太低、法制观念薄弱有关。其次，他指出，加强法制教育重要的是要进行教育，根本问题是教育人。法制教育要从娃娃开始进行。此外，他强调，打击犯罪、纠正不正之风属于法律范围、社会范围的问题，应当靠加强法制和社会教育来解决。

9月7—12日，中国社科院文学研究所召开的"新时期文学十年学术讨论会"在北京举行。

9月13日，中国女子排球队在布拉格举行的第10届世界女子排球锦标赛上，以3∶1战胜古巴队，从而成为第一支在世界女子排球大赛中获得五连冠的球队。

3月25日　二月河把已出版的《康熙大帝》第一卷寄给冯其庸先生。

4月18日　二月河又给冯先生寄去五册书，让冯先生送给启功、戴逸等人。

5月10日　中华书局送来列藏本《石头记》校样，这是冯其庸等人专程从苏联带回来的《红楼梦》珍本，也是冯先生的重要工作。但对于此前二月河寄来的《康熙大帝》第一卷，冯先生念念不忘，所以在校对的同时，快读一遍，感觉很好。

5 月 21 日　应黄河文艺出版社邀请，冯其庸先生与周远廉、邓庆祐、冯统一同赴郑州，参加即将于 24—25 日由黄河文艺出版社召开的座谈会，讨论二月河小说《康熙大帝》第一卷。冯先生在会议上充分肯定了其成就。

1987 年　43 岁

1 月，上海社会科学院文学研究所与中国作家协会上海分会联合主办的《上海文论》创刊。

1 月 16 日，中共中央政治局扩大会议在北京召开。会议决定接受胡耀邦辞去党中央总书记职务的请求，推选赵紫阳代理中共中央总书记，继续保留胡耀邦中央政治局委员、中央政治局常委职务。

6 月 29 日，邓小平会见美国前总统卡特时指出：改革、开放政策不但要继续下去，过去搞得不够的还要搞得更大胆一些，而且要把政治体制改革提到日程上来。

10 月 25 日至 11 月 1 日，中国共产党第十三次全国代表大会在北京召开。会议的中心议题是进一步加快和深化改革。邓小平主持大会开幕式，赵紫阳作题为《沿着有中国特色的社会主义道路前进》的报告。

6 月　《康熙大帝·惊风密雨》由黄河文艺出版社出版。

《康熙大帝·惊风密雨》封面

《康熙大帝·惊风密雨》是系列长篇小说《康熙大帝》的
第二卷。它重点展现的是康熙在平定"三藩"之乱中展现出来
的帝王手腕和谋略，塑造了傅宏烈、周培公、吴三桂、吴应熊、
李云娘等众多的人物形象，再现了当时辉煌的历史画面。康熙
在除掉鳌拜及其一众党羽之后，亲掌朝政，但是国家元气未复，
一时之间，筹兵筹饷都是难题，且四面楚歌。南方以吴三桂为
首的"三藩"拥兵自重，意图谋反。北部，罗刹国在东北搅扰
边境，清廷却无力抵御。西北噶尔丹自立为汗，与西藏第巴桑
杰联手大有东进并吞漠南漠北之意，东有台湾骚扰海疆，且黄
河、淮河决堤，百姓逃荒。此外，朱三太子与吴应熊等人密谋，

以反清复明为宗旨聚"钟三郎"香会数百万会众，策反数十名太监为内应，阴谋举火为号，意图颠覆清朝江山。康熙在此内忧外患之际，多次不顾刺杀微服私访，体察民情，诛杀贪官。康熙选拔贤与能，选用于成龙治理黄河淤泥，疏通漕运；整治北方吏治，启用会试下第的周培公。经过多次的斗争，康熙十七年（1678年），吴三桂等"三藩"与朱三太子的谋反被平叛，朱三太子趁乱逃走，吴三桂身死，康熙扫清察哈尔，巩固了政权。

秋　长江文艺出版社编辑周百义从郑州赶到南阳，与当时还在南阳市委宣传部担任干事的二月河见面。但是当时的周百义也只是长江文艺出版社的普通编辑，这是他到出版社工作后的第一次组稿，夜里他在招待所里读完了《康熙大帝》第一卷后，深受震撼，第二天就递上了长江文艺出版社的约稿合同。但是由于二月河已经和黄河文艺出版社签了《康熙大帝》的出版合同，所以便拒绝了周百义的约稿。但是，在周百义的百般说服下，二月河被周百义的真挚打动，最终答应了把正在构思中的《雍正皇帝》放在长江文艺出版社出版。

二月河在第一次见到周百义时，就向他介绍了自己宏大的写作计划，讲述了恩师冯其庸的鼓励和自己夜以继日的写作习惯，谈到了自己中年得女的幸福。周百义则向二月河普及了出版知识，鼓励他坚持写作，帮他权衡利弊，成功劝服他把《雍正皇帝》放在长江文艺出版社出版。

1988 年　44 岁

2 月 1 日，电视连续剧《西游记》全集播出。

2 月 23 日，西安电影制片厂摄制的彩色故事影片《红高粱》，获第 38 届柏林国际电影节金熊奖。

3 月 16 日，意大利扬科电影公司、英国道奥电影公司、中国电影合作制片公司 1987 年联合出品的影片《末代皇帝》，在第 60 届奥斯卡金像奖评选中获 9 项大奖。

8 月 15 日，中共中央政治局在北戴河召开第十次全体会议，讨论并原则通过了《关于价格工资改革的初步方案》。会议认为，价格改革的总方向是：少数重点商品和劳务价格由国家管理，绝大多数商品价格开放，由市场调节，以转换价格形成机制，逐步实现"国家调控市场，市场引导企业"的要求。根据各方面的条件和实现的可能，今后 5 年左右的时间，价格改革的目标是初步理顺价格关系，即解决对经济发展和市场发育严重影响、突出不合理的价格问题。工资改革总的要求是，在价格改革过程中，通过提高和调整工资、适当增加补贴，保证大多数职工实际生活水平不降低，并能随着生产的发展而有所改善。

8月　《康熙大帝·玉宇呈祥》由黄河文艺出版社出版。

《康熙大帝·玉宇呈祥》封面

　　《康熙大帝·玉宇呈祥》是系列长篇小说《康熙大帝》的第三卷，小说讲述的是平定"三藩"之后，康熙任用能臣疏通河运、收复台湾、西征噶尔丹等故事。在这一卷中，二月河又塑造了如高士奇、陈潢、靳辅、施琅、阿秀等一批新的人物形象。他通过这些艺术形象的塑造，展现了清初的社会风情和天下一统的历史面貌。平定"三藩"之乱之后，康熙任用靳辅、陈潢等人疏浚漕运，靳辅、陈潢束堤冲沙，修建减水坝终使黄河之水变清。开博学鸿词科，选拔人才。在北巡过程中，听取周培公的建议，任施琅、姚启圣、吴英等操练水战之师预备渡海收复台湾，并与科尔沁王结盟，进而西征。南巡时，康熙视察河务漕运、在南京祭祀孝陵，安定江南世民之心。康熙二十二年（1683年）夏季，清军收复澎湖全岛，台湾收复。此外，康熙与飞扬古、高士奇、佟国纲、年羹尧等人亲征噶尔丹，完成了中华统一大业，展现了玉宇呈祥的社会风貌。

11月9日　冯其庸先生到扬州参观访古，夜读《康熙大帝》第三卷。20日，冯先生经郑州，傍晚抵达南阳。恩师到来，二月河亲自前来迎接。22日上午，冯先生参加二月河《康熙大

二月河（左）与恩师冯其庸（右）

帝》第三卷的讨论会。可见，冯先生一如既往地关心二月河《康熙大帝》的写作，从始至终予以他最强有力的支持。

1989 年　45 岁

4 月 15 日，久经考验的忠诚的共产主义战士，伟大的无产阶级革命家、政治家，军队杰出的政治工作者，长期担任党的重要领导职务的卓越领导人胡耀邦在北京病逝。

6 月 23—24 日，中国共产党第十三届中央委员会第四次全会在北京召开。全会选举江泽民为中央委员会总书记。

12 月　《康熙大帝·乱起萧墙》由黄河文艺出版社出版。

《康熙大帝·乱起萧墙》是《康熙大帝》系列小说的第四卷，也是最后一卷。这一卷主要讲述了康熙晚年选择皇位的继承人以及众位阿哥们为皇位钩心斗角的故事。康熙晚年，政治上出现很多弊端，盐枭紊乱，吏治腐败，贪风盛行，刑狱案件积弊甚多，赋不均、讼不平，大治之中隐忧重重。此外，西疆策零阿拉布坦与西藏喇嘛之间的政争愈演愈烈，终于在康熙五十六年（1717 年）酿成大变。在朝内，皇亲旧勋包括众位阿哥借支国库库银，使国库亏空。众位阿哥觊觎皇位，结党营私。

《康熙大帝·乱起萧蔷》封面

太子胤礽为人仁懦疲软，急躁乖戾，贪淫好色，悖乱失德。康熙多次表示对其的不满，且胤礽在清理官员亏欠库银的事件中，措置失当，功败垂成。康熙大失所望，将其两度废黜。两立两废，朝野震动。各位阿哥各怀鬼胎，四处联络外官。大阿哥胤禔不顾兄弟之谊对胤礽实施魇昧之术，欲图谋东宫之位而被囚禁。八阿哥胤禩结党营私被康熙忌惮，十三阿哥胤祥两度被囚禁。四阿哥胤禛精明强悍、矫正时弊，意志坚定，洞悉吏治民情物议。在谋士邬思道、文觉、性音等人的帮助下，在整治吏治、革除弊政的过程中，措施得当。最终，康熙在临终前立下遗诏，传位于四阿哥胤禛。

1984—1989 年，二月河完成了四卷 150 余万字的"康熙系列"。中国香港、中国台湾也随即出版繁体字版，引起很大的反响。

《康熙大帝》获得了河南省改革十年优秀图书一等奖。

二月河写《康熙大帝》，就是把这个"大"字写足，把康熙放到历史中纵横比较，就显现出康熙的"大"。二月河称康熙为"大帝"，有三个衡量的标准："是否为国家统一、民族团结作出了贡献，是否对发展当时的生产力、改善民生有贡献，是否对当时的科技教育文化发展有贡献。在这几个方面，康熙都作出了卓越的贡献。"① "在《康熙大帝》中，康熙八岁登上皇位，在位长达六十一年。康熙在位期间，尤其是在位初期，清朝朝廷刚刚入关，政局不稳，内有鳌拜集团把持朝政，妄图谋朝篡位，吴三桂、耿精忠、尚可喜的'三藩'之乱，'朱三太子'叛乱，等等；外有察哈尔叛乱，准噶尔多次叛乱，俄罗斯虎视眈眈的进犯；此外还有台湾问题，等等。这些都是康熙在位初期政治上、军事上的重大事件。这些历史上的重要节点小说中都有细致的描述，且每一部都是以此为中心来展开情节，如第一卷《夺宫初政》的智除鳌拜，第二卷《惊风密雨》的平'三藩'、镇压'朱三太子'，第三卷《玉宇呈祥》的收台湾、三征噶尔丹，第四卷《乱起萧墙》的九子夺嫡。"②

二月河曾坦言他就是把康熙当作"民族的优秀人物"来写

① 吴圣刚编著：《二月河研究》，河南大学出版社，2015，第54—55页。
② 郝敬波：《二月河论》，作家出版社，2020，第45页。

的。在塑造康熙皇帝的时候，二月河着重从多个侧面来表现他的雄才大略。如在《雍正皇帝·九王夺嫡》中的描述："他精算术、会书画、能天文、通外语，八岁登极，十五岁庙谟独运智擒鳌拜，十九岁乾纲独断，决意撤藩，六下江南，三征西域，征台湾，靖东北，修明政治，疏浚河运，开博学鸿词科，一网打尽天下英雄——是个文略武功直追唐宗宋祖，全挂子本事的一位皇帝！"① 二月河描绘了康熙执掌朝政后在政治、军事、农业、文化上的一系列举措，为以后的"康乾盛世"奠定了坚实的基础，也展现了"大"的一面。同时，在塑造人物上，二月河是全面而真实的。小说在描绘康熙"大"的一面的同时，也展现了康熙作为皇帝的多疑、猜忌、心狠手辣的一面。比如在除鳌拜的过程中，康熙运用权术对魏东亭、吴六一进行重用和监视，在处理水患的问题中导致陈潢的死亡，等等。

二月河曾说："历史小说首先是小说，是文学艺术作品；同时，历史小说要讲究两个真实性：一是历史的真实性，二是艺术的真实性。"对于历史的真实性，"重大的历史事件、活动、功绩、挫折，重要的历史人物，或者是人物在事件中的表现，不能有假，不能虚构。写人物的细节、场景有虚构的余地，如你什么型脸，长脸、圆脸，有无酒窝，是林黛玉型，还是杨贵妃型，谁说了算，我，二月河！三部曲，坚持了历史的真实，我二月河没有欺骗人。我认为，在历史上，对国家统一、民族

---

① 二月河：《雍正皇帝·九王夺嫡》，长江文艺出版社，2009，第167页。

团结有不可磨灭贡献的，都应该颂扬；对国家统一、民族团结有破坏作用的，就要鞭挞……关于历史的真实问题，很多电视剧都不及格，如有用一锭银子或二两银子去打酒，就不真实，只是几个铜钱即可。再如，十五贯等于多少斤？编剧不知道。电视上就没有介绍过银子怎么找（零）……不求历史上真的发生过，但求历史上可能发生过这样的事。"① 但是当两者发生矛盾时，二月河在总体上忠实于历史真实的前提下对历史细节的描绘让位于艺术的真实性；当作者和专家发生矛盾时，尽量去迎合读者，历史小说允许虚构。

二月河为保证内在的真实，在开始创作《康熙大帝》之前，对清朝历史资料进行大量的搜集整理。关于史料的搜集，二月河主要是从旧书摊上购买的，另外是从废品摊上获得的。在南阳，有很多的珍贵历史文献，有关清代的史料，只要愿意留意非常之多。二月河把《清史稿》中有关康熙的资料素材，还有《清朝野史大观》《清稗类钞》以及之前研究《红楼梦》积累的"清人笔记"等进行仔细梳理。二月河曾说："写书是一个繁杂的过程，首先要搜集清史资料。《清人笔记小说大观》《清朝野史大观》《清稗类钞》……连清人当初的日记统统都搜集，包括宫廷礼仪、皇帝衣帽档案、食膳档案、起居注。'这东西，没有什么巧办法，凭自己的感知、悟性，还有对这一时期政治、经济、文化全方位的掌握、理解。那时，一斤豆腐多少钱，我都

---

① 二月河、舒晋瑜：《长篇小说有点像盖楼房的水泥浇筑》，《青年作家》2017 年第 5 期。

知道，还有纯度百分之十的银子到百分之九十九的银子怎么识别，皇帝一年三百六十五天，什么时辰穿什么衣服，这都需要从查资料开始。''我不喜欢做笔记，就做卡片。哪一本书，哪一页，分类整理，像衣帽档、食膳档。有些书不在图书馆，是我在破烂摊、废品收购站买来的。包括琴棋书画、一般人家的住宅、官宦人家的住宅怎么布局，进去以后，怎么确定它的方位……我这样写出之后，没有专家敢挑我，因为我拿的是第一手资料。大作家姚老考证过我的功夫，我列举这些书名，他也就知道我的功底了。这些东西需要下很苦、很细、很琐碎的功夫。但是你又不能丢掉宏观，又要全方位了解清代政治、军事、文化、风情民俗、宫廷礼仪，上至帝王之尊，下至引浆卖车之流，你都应该把他学活，需要下一番别人不肯下的功夫。'"①

"清代的文化有两个特点：一个是文祸非常厉害，史料有记载，雍正在位时，为了巩固统治地位，曾大兴文字狱。一个是学术特别发达，当时有人记日记，或者是旁人去考证，把它记录下来，比如皇帝一年三百六十五天的生活情况，吃、穿、住、行都有详细的记载，什么季节皇帝穿什么服装，什么场所换什么衣服，吃什么饭，上什么菜都有详细记录。清代人的日记里也记载了当时民间的豆腐、白菜价格，每一个细节都清晰可辨。这种清人笔记、日记在书摊上就能找上几十种，它包括婚丧嫁

---

① 冯兴阁、梁桦、刘文平主编《聚焦"皇帝作家"二月河》，广东人民出版社，2003，第104页。

056

娶、琴棋书画，还有解梦知识。"① 所以，从二月河的历史小说中的服饰、礼仪、制度、饮食等，就可以看出其中的真实性。

① 冯兴阁、梁桦、刘文平主编《聚焦"皇帝作家"二月河》，广东人民出版社，2003，第87页。

1990年　46岁

1月5—10日，中宣部、文化部在北京召开全国文化艺术工作情况交流座谈会。会议就如何总结十年来特别是近年来文化艺术工作的经验教训正确确定今后文化工作的任务，广泛地交换了意见。江泽民、李瑞环等领导同志接见了与会代表，李瑞环作了《关于弘扬民族优秀文化的若干问题》的讲话。

6月11日，新华社报道，江泽民就台湾问题发表讲话，他重申：只有双方坐下来，真正本着"一个中国"的原则商谈祖国统一，而不搞"两个中国""一中一台""一国两府"，一切问题都可以提出来讨论、商量。

9月22日至10月7日，第11届亚运会举行，主办城市是北京，协办城市是秦皇岛。这是中国首次承办的综合性国际体育大赛，来自37个国家和地区的体育代表团的6578人参加了这届亚运会。中国派出636名运动员参加了全部27个项目和2个表演项目的比赛。

1990年，东欧国家和南斯拉夫的国内形势继续发生重大变化。多数国家政治上普遍实行多党制和议会制，经济上不同程度地向私有化和市场经济过渡。原有的体制被打破，新的体制尚未建成，各种新旧矛盾错综复杂。

　　是年　二月河在写完《康熙大帝》第三卷后，给周百义寄去了《雍正皇帝》的第一卷《九王夺嫡》。选题论证会上，由于周百义当时在长江文艺出版社只是普通编辑，并没有话语权，所以二月河的小说没有通过。但是，周百义坚持自己对于二月河小说艺术价值的判断，找到了总编辑田中全，为《雍正皇帝》的出版争取了机会。习惯在笔记本上写作的二月河，字迹横不平竖不直，收到书稿后的周百义将字迹一点点描清楚，在反复

二月河（右）与周百义（左）合影

整理之后，等待很长时间才等来了书稿有机会出版的好消息，总编辑田中全在审读意见中写道：难得的历史小说佳作。然而，在《雍正皇帝》第二卷编辑完成后，周百义被调离长江文艺出版社，作为《雍正皇帝》的责任编辑，他不愿意退稿，认为这是一部"传世之作"，坚持将三卷本的书稿全部出版。

1991 年　47 岁

3 月 29 日，第三届茅盾文学奖在北京人民大会堂颁奖。路遥的《平凡的世界》，凌力的《少年天子》，孙力、余小惠的《都市风流》，刘白羽的《第二个太阳》，霍达的《穆斯林的葬礼》等 5 部作品获奖，另有萧克的《浴血罗霄》、徐兴业的《金瓯缺》2 部作品获得荣誉奖。

7 月 1 日，中共中央召开庆祝中国共产党成立七十周年大会。江泽民发表讲话，在回顾党的七十年奋斗历程时，把党领导全国各族人民为中国社会的进步作出的贡献归纳为三件大事：完成反帝反封建的新民主主义革命任务，结束了中国半殖民地半封建社会的历史；消灭剥削制度和剥削阶级，确立了社会主义制度；开创建设有中国特色的社会主义的道路，逐步实现社会主义现代化。

12 月 25 日，苏维埃社会主义共和国联盟正式解体。

6 月　《雍正皇帝·九王夺嫡》由长江文艺出版社出版。

《雍正皇帝·九王夺嫡》封面

　　《雍正皇帝·九王夺嫡》是《雍正皇帝》的第一卷，作者用史笔著文，以文笔立史，上至宫廷，下至勾栏瓦舍，不仅有政治风云，更有人生感悟。康熙皇帝晚年，包容宽纵大臣，一味简政施恩，致使文恬武嬉，吏治败坏，贪风盛行。众皇子权势倾轧、拉帮结派、图谋皇位。二阿哥胤礽是康熙皇帝与先皇后赫舍里的儿子，康熙对其爱屋及乌，将胤礽立为太子。但是，胤礽不修德，不理事，为群小包围，意图谋位，且与贵人郑春华私通，被皇帝废除太子之位。但是，大阿哥胤禔、八阿哥胤禩在太子被废后夺嫡之心显露，遭康熙忌惮。康熙认识到事情的严重性后，将胤礽复立。但是胤礽乖戾暴躁，复位之后打击不支持他的朝臣，再次遭康熙废黜并被囚禁。太子两次被废后，康熙决定不再设立太子，默认的继位者，亲书金册，置于乾清宫正大光明匾后。四阿哥胤禛性情冷峭严峻，人称"冷面王"。他恪尽职守、清查库银、整顿吏治。在康熙废除太子之后，听取谋士邬思道的建议，任用年羹尧、隆科多等人并最终夺得皇位。

1992 年　48 岁

1 月 18 日至 2 月 21 日，邓小平在视察武昌、深圳、珠海、
上海等地时，发表著名的"南方谈话"。强调革命是解放生产
力，改革也是解放生产力。改革开放的胆子要大一些，敢于试
验，看准了的，就大胆地试，大胆地闯。要抓住时机，发展自
己，关键是发展经济，"发展才是硬道理"。正确的政治路线要
靠正确的组织路线来保证。中国的事情能不能办好，从一定意
义上说，关键在人。中国要出问题，还是出在共产党内部。对
这个问题要清醒，要注意培养人，要按照"革命化、年轻化、
知识化、专业化"的标准，选拔德才兼备的人进班子。邓小平
南方谈话，是在国际国内政治风波严峻考验的重大历史关头，
坚持十一届三中全会以来的理论和路线，深刻回答长期束缚人
们思想的许多重大认识问题，把改革开放和现代化建设推进到
新阶段的又一个解放思想、实事求是的宣言书。

10 月 12—18 日，中国共产党第十四次全国代表大会在北京
召开。江泽民代表十三届中央委员会作《加快改革开放和现代

化建设步伐，夺取有中国特色社会主义事业的更大胜利》的报告。大会选举出新一届中央领导机构，江泽民当选为中共中央委员会总书记，通过了关于十三届中央委员会报告的决议等。大会同意中央顾问委员会提出的不再设立中央顾问委员会的建议。大会通过了关于《中国共产党章程（修正案）》的决议。修改后的党章写入了建设有中国特色社会主义理论和党在社会主义初级阶段的基本路线。党的十四大作出三项具有深远意义的决策：一是抓住机遇，加快发展，集中精力把经济建设搞上去；二是确定我国经济体制改革的目标是建立社会主义市场经济体制；三是提出用邓小平同志建设有中国特色社会主义的理论武装全党的任务。这次大会和年初邓小平南方谈话，成为中国社会主义改革开放和现代化建设进入新阶段的标志。

3月　张书恒、王志尧在《南都学坛（社会科学版）》第1期上发表文章《论历史小说的内在机制与审美特性——兼评二月河的〈康熙大帝〉》。文章分别从历史小说的历史原则与艺术原则、现实原则与艺术原则、情感倾向与审美判断的角度对《康熙大帝》进行了评价，总的来看这部作品是成功的。同时也指出了二月河在康熙的刻画上、场景的处理上存在不足。

4月　《小说评论》第2期发表了周百义的《不同凡响的艺术魅力——读长篇历史小说〈雍正皇帝·九王夺嫡〉》。周百义主要从二月河的作品的人物、语言、情节、文化氛围几个方面来评论作品。

5 月　《康熙大帝》获得河南省首届文学艺术优秀成果奖。

1993 年　49 岁

5 月 25 日，《光明日报》以《文坛盛赞——陕军东征》为题，报道陕西作家新出的 4 部长篇小说，即陈忠实的《白鹿原》、高建群的《最后一个匈奴》、贾平凹的《废都》、京夫的《八里情仇》。5 月，贾平凹的长篇小说《废都》由北京出版社出版。6 月，陈忠实的长篇小说《白鹿原》由人民文学出版社出版。

6 月，《上海文学》第 6 期在"批评家俱乐部"栏目里发表《旷野上的废墟——文学和人文精神的危机》，由此引发了"人文精神"大讨论。

10 月 5 日，中共中央、国务院作出《关于反腐败斗争近期抓好几项工作的决定》，要求在近期内着重抓好以下三项工作：一是党政机关领导干部要带头廉洁自律，二是查办一批大案要案，三是狠刹几股群众反映强烈的不正之风。

11 月 11—14 日，中共十四届三中全会在北京召开，会议审议并通过了《关于建立社会主义市场经济体制若干问题的决定》。

是年，花城出版社推出的"先锋长篇小说丛书"包括余华的《在细雨中呼喊》（原名《呼喊与细雨》，发表在《收获》1991年第6期）、孙甘露的《呼吸》、吕新的《抚摸》、北村的《施洗的河》。

5月　《雍正皇帝·雕弓天狼》由长江文艺出版社出版。

《雍正皇帝·雕弓天狼》封面

《雍正皇帝·雕弓天狼》是系列长篇小说《雍正皇帝》的第二卷。康熙死后，雍正继承帝位，但是紫禁城内外危机四伏。

八爷胤禩一党图谋皇位，利用隆科多涉及贿赂进士案对其进行拉拢，在胤禩的威胁下，隆科多擅自派兵闯禁苑。年羹尧凭借军功植党营私、骄横跋扈、僭越犯上。在此情况下，雍正依靠方苞、张廷玉等人，开科考，整顿吏治，实行摊丁入亩、火耗归公等举措，并去河南巡视黄河防务。西疆大捷后，粉碎了八爷一党政变的阴谋，圈禁隆科多，赐死年羹尧。

1994年　50岁

9月25—28日，中共十四届四中全会在北京召开。会议集中讨论了党的建设问题，通过了《关于加强党的建设几个重大问题的决定》。

《乾隆皇帝·风华初露》封面

1月　《乾隆皇帝·风华初露》由河南人民出版社出版。

《乾隆皇帝·风华初露》是系列长篇历史小说《乾隆皇帝》的第一卷。在这一卷中，二月河主要展现了乾隆继位之后为革除前朝流弊所采取的一系列的政治举措。雍正猝死之后，年仅25岁的乾隆继位。乾隆正是英年得意、心雄千古之时，立志开创清王朝极盛之世。乾隆以宽为政，整饬吏治。政务上，在苗疆事务中，乾隆任用张广泗扫平苗叛。此外，乾隆将从前因清理亏空被迫落职的官员逐个甄别，杨名时、史贻直等得到释放并重用。乾隆微服亲巡河南、山西等地，体察民间疾苦和官场情况。在整饬吏治中，乾隆严惩贪官污吏。德州知府刘康，侵吞巨款，毒杀奉旨前来查清的贺露滢，被剜心凌迟。萨哈谅、喀尔钦因受贿被处死。在朝中，弘昇、弘普、弘昌等亲王、贝子不臣之心渐起，他们散布谣言，任用卢鲁生假冒大臣名字写伪奏稿，将发现他们咒骂皇上字迹的杨名时暗害致死，在乾隆出巡山西太原时，假传圣旨创建七司衙门，企图掌握宿卫大权。乾隆知悉后，果断抓捕了从事阴谋活动的宗族子弟，将弘昇圈禁，弘普降为庶民，缓解了危机。

3月23日 《人民日报》（海外版）刊登了南春堂、白冰的文章《丰厚的历史 艰难的创作——〈康熙大帝〉出台记》。在《丰厚的历史 艰难的创作——〈康熙大帝〉出台记》中，电视剧《康熙大帝·玄烨夺宫》的导演林鸿对二月河的小说进行了简要的评价："二月河的原著，有其扎实的史实和委婉曲折的动人故事以及众多性格鲜明的人物，这给电视剧提供了极为丰实的和不可多得的历史原型，也给我们许多艺术创造的余地，我几乎被原著中的人物给迷住了。小说描绘了国家民族命运未卜、朝廷政局险恶欲倾、百姓处于水深火热之中的历史真实和人物生死别离故事，一个又一个的悬念紧紧牵动着读者的心。"

5月 《雍正皇帝·恨水东逝》由长江文艺出版社出版。

《雍正皇帝·恨水东逝》封面

　　《雍正皇帝·恨水东逝》是系列长篇历史小说《雍正皇帝》的第三卷，也是最后一卷。年羹尧被赐死，隆科多遭圈禁后，雍正继续推行新政：一是火耗归公，二是士民一体纳粮当差，三是云南土地归流。借此来刷新吏治，均平赋税。朝堂上，八爷党仍意图不轨，欲借"铁帽子王"逼雍正退位。田文镜、李绂等人政见不合，心生龃龉。最终，八爷一党遭圈禁，三阿哥弘时因与八爷一党勾结，刺杀不成，用魇镇之术谋害弘历与雍正，最终自尽而死。此外，边疆地区西南和西北改土归流引发民变，而一代帝王雍正因乱伦之煎熬、丹药和亡灵作祟，最终与乔引娣双双自尽。

至此，二月河完成三卷共 120 余万字的"雍正系列"。这三卷展现了雍正从夺嫡登位到展现政治抱负的全过程。中国香港、中国台湾等地出版社相继推出了中文繁体字版。

　　在"落霞三部曲"中，二月河称最爱的是《雍正皇帝》，因为写雍正皇帝的时候是最难的，而且二月河在作品中塑造了崭新的雍正形象。为了塑造这个新的形象，二月河还在写《康熙大帝》第二卷时，已经开始关注雍正皇帝的史料，他查阅了《清人笔记》《清史稿》和《故宫档案史料》等大量历史文献，试图在众多的史料中认识并建构一个真正的雍正形象。"首先，雍正皇帝是个在历史上争议颇多的人物。他说，雍正的民间口碑一直不佳，史书上的雍正也是集刻薄、阴狠、毒辣、寡趣于一身，再加上是他叫人抄了曹雪芹的家，致使曹雪芹穷困潦倒，盛年而亡。而二月河是非常喜欢《红楼梦》的，更是曹雪芹的欣赏者和研究者。因此，他对雍正的个人感觉也就憎恶有加。但是要全面认识一个历史人物，先入为主的成见是有失历史的真实和公平的。为再认识雍正皇帝，他下了很多的功夫和心血，根据历史的真实面目，创造出了一个勤政亲民的新皇帝形象。雍正的新形象不仅恢复了历史的本来面目，而且得到了社会的广泛认可。"[1]

　　二月河认为《雍正皇帝》是系列中最好的："他（二月河）便认真地说，《康熙大帝》是最先写作的，当时风格还不成熟，

---

① 冯兴阁、梁桦、刘文平主编《聚焦"皇帝作家"二月河》，广东人民出版社，2003，第89—90页。

较为粗糙，不如《雍正皇帝》。他认为《雍正皇帝》是系列中最好的。"① 评论家丁临一认为："《雍正皇帝》可说是自《红楼梦》以来，最具思想与艺术光彩，最具可读性同时也最为耐读的中国长篇历史小说，称之为五十年不遇甚至百年不遇的佳作并不为夸张。"② 评论家白烨说："读到二月河的《雍正皇帝》不能不让人有一种横空出世的惊喜。这部鸿篇巨制在艺术上有大雅若俗的自觉追求，颇得中国小说美学之精髓。读它如读金庸，是一种难得的艺术享受。"③

5 月 韩湾、冯兴阁的访谈《"黑马"驰骋任纵横——访二月河》在《新闻爱好者》第 5 期发表。文章对二月河的人生经历、"痴人"形象、文学创作的现实题材与历史题材的差异认识等问题进行解释。

9 月 陈继会、陈贞权在《中州学刊》第 5 期发表《〈康熙大帝〉的意义——兼论"大众文学"的历史走向》一文指出，二月河的《康熙大帝》在对封建政治文化观照时所表现出理性精神，并对二月河在《康熙大帝》中融通常说的"纯文学"的笔法（诸如细腻的心理描写、艺术氛围的营造、追求语言的文学性等）与"通俗小说"的手法（如故事的整一性、事件的传奇性、人物的动作性及注重凸显人物性格等），使《康熙大戏》

---

① 梁桦：《"二"先生的本色》，《中国文化报》2002 年 4 月 10 日第 1 版。
② 转引自冯兴阁、梁桦、刘文平主编《聚焦"皇帝作家"二月河》，广东人民出版社，2003，第 221 页。
③ 转引自冯兴阁、梁桦、刘文平主编《聚焦"皇帝作家"二月河》，广东人民出版社，2003，第 94 页。

在"雅""俗"整合中创造崭新的"大众文学"的艺术。

    是年   根据《康熙大帝·夺宫》改编的电视剧《康熙大帝·玄烨夺宫》在中央电视台黄金时间播出。这部剧的故事背景是清朝圣祖康熙除鳌拜的故事。《康熙大帝》是中央电视台电视剧史上第一部清宫戏，它的上映开启了二月河小说的改编历程。

1995 年　51 岁

9 月 3 日，首都各界召开纪念抗日战争暨世界反法西斯战争胜利五十周年大会。江泽民发表讲话指出，中国抗日战争是世界反法西斯战争的重要组成部分，是世界反法西斯战争的东方主战场。中华民族为世界反法西斯战争的胜利付出了巨大的民族牺牲，为人类文明进步事业作出了彪炳千古的历史贡献。中国共产党及其领导的人民抗日力量，是中华民族抗战的中流砥柱。

5 月　《雍正皇帝·恨水东逝（选载）》被《当代作家》第 3 期选载。

6 月　二月河当选南阳市文联副主席，被誉为"南阳的形象大使和文化名片"。

10 月　在第三届茅盾文学奖初评读书班上，《雍正皇帝》在参评的 120 多部作品中，以历史小说第一名入围 20 部候选作品。评论家评论其为"当代及至近代以来历史小说创作的最为重大收获"。

12月　《乾隆皇帝·夕照空山》由河南人民出版社出版。

《乾隆皇帝·夕照空山》封面

《乾隆皇帝·夕照空山》是系列长篇历史小说《乾隆皇帝》的第二卷。该卷主要展现了乾隆为创建清王朝极盛之世所采取的一系列措施。在这一卷中，乾隆力排众议，恢复木兰秋狝，借田猎讲武，会见蒙古诸王；山东蝗情严重，派刘延清、高恒等人赈灾防变；任用张广泗、庆复、阿桂等人用兵大小金川；征借民间古籍，任用纪昀等编撰《四库全书》。然而，因易瑛（"一枝花"）等一众造反军在山东聚众谋反，筹粮失利，再败于黑风寨，奔走武安又遇土匪。金川之役中，用兵无效，一败再败。张广泗、庆复等人谎报军情，被金川土司莎罗奔围困，主帅大帐丢失，粮草被掠，丧师辱军，被迫与敌人订城下之盟；向民间士臣征借古籍编撰《四库全书》时又遭抵制；富察皇后病重，皇七子因天花夭折，贫富不均，民业不定……乾隆虽因国事家事受挫，但仍心怀壮志。

是年　《雍正皇帝》获湖北省优秀图书奖。

1996 年　52 岁

2 月 29 日，全国作协工作会议在北京召开，会议主要议题是讨论修订《关于繁荣社会主义文学的五年规划》。

10 月 7—10 日，中共十四届六中全会在北京召开。全会审议并通过了《关于加强社会主义精神文明建设若干重要问题的决议》。决议指出，精神文明建设的指导思想是：以马克思列宁主义、毛泽东思想和邓小平建设有中国特色社会主义理论为指导，发展教育科学文化，提高全民族的思想道德素质和科学文化素质，团结和动员各族人民把我国建设成为富强、民主、文明的社会主义现代化国家。

12 月 16—20 日，中国文联第六次全国代表大会和中国作协第五次代表大会在北京召开，3000 多名作家、艺术家出席。江泽民出席开幕式并发表讲话。周巍峙当选为中国文联主席，才旦卓玛等 22 人当选为副主席；巴金当选为中国作协主席，马烽等 14 人当选为副主席。

1月22日　长江文艺出版社和北京四汇文化公司在中国作协文采阁联合召开了长篇历史小说《雍正皇帝》研讨会。①

参加这次会议的文学界领导、学者有陈建功、张玉国、蔡葵以及著名评论家吴秉杰、牛玉秋、林为进、胡平、白烨、丁临一、朱晖、贺绍俊、罗强烈、王必胜，以及《人民日报》、中央电视台、《光明日报》、《中国青年报》、《文艺报》、《北京日报》、《中国图书商报》和《新闻出版报》等首都新闻单位的记者等。在这次会议上，与会专家高度评价了这部小说杰出的艺术成就和巨大的思想内涵，同时也指出了这部小说存在的一些不足之处。

2月　《经济世界》第2期刊发了刘雅鸣的采访文章《为帝王画像——访著名作家二月河》，二月河称自己是"太阳渡的儿子"，并谈起了自己写作《康熙大帝》的起因以及创作史料的积累。

2月　《中州统战》第2期刊发了郭克建的访谈文章《史鉴照今人——访南阳籍著名作家二月河》。在这次访谈中，二月河提到他创作的目的是"替古人画像，让今人照镜子"。

3月　《当代作家》第2期刊发了刘学明根据录音整理的《长篇历史小说〈雍正皇帝〉研讨会纪要》，这是1月22日《雍

---

① 参见刘学明整理：《长篇历史小说〈雍正皇帝〉研讨会纪要》，《当代作家》1996年第2期。一说该研讨会召开时间为1月6日，见《岁月绵长》（周百义著，河南人民出版社2021年版）第319页："1996年的1月6日，我们在北京'文采阁'举行二月河长篇历史小说《雍正皇帝》研讨会。"

正皇帝》研讨会发言记录摘登。在这次会议上，作家陈建功谈道："王蒙曾提倡过作家要学者化，我觉得二月河先生是具备这样的水准的。另外，我还感觉到，一个作家不仅要学者化，还要世俗化，要有对三教九流、民间百态的丰富的知识积累。二月河先生在这方面对我的启发很大——不光对我，对当今的文学界也是富有启示意义的。"评论家白烨称："作者是以忠实历史的态度，去全方位地恢复历史和再现历史。作品所描写的生活场景和人物形象极其丰富，有宫闱秘事，也有市井风情，有庙堂权贵，也有江湖奇才，真正是三教九流，五花八门。……我觉得小说在主要人物的塑造和主要情节的安排上表现出一种清醒的历史意识和艺术魅力。"评论家、《文学评论》主编蔡葵说道："这部小说用得上恩格斯的一句话，即'莎士比亚剧作的情节的生动性和丰富性'。"

4月　二月河的《雍正赐杀年羹尧》在《领导文萃》第4期发表。

6月26日　《中华读书报》刊发朱健国撰写的《周百义·二月河·〈雍正皇帝〉》一文，提出了一个令人注目的现象"近殿欺佛"。《周百义·二月河·〈雍正皇帝〉》文中提及，今非昔比，鸟枪换炮。九年前，二月河只是县级南阳市的文联主席，而今他已是地级南阳市的文联副主席。职称得到评定，住房得到改善，但这只是南阳的礼遇而已。在河南，一些人依然贬称二月河为"武林高手"，河南文坛的创作成绩述评，仍然不提二月河。河南新闻界和文艺界仍有人拒二月河于千里之外。

"近殿欺佛"的传说在中州大地，如此根深蒂固，实在令人心寒。针对这一对自己打抱不平的说法，二月河在面对记者采访时称："对'近殿欺佛'这种提法我不反感。大的方面它不涉及组织上的关怀，仅是个别人有这种现象。这也不奇怪，自古'木秀于林，风必摧之'，我这样说可能有自大之感，但是我十年出书十部，自认为还可以，朱健国先生指出这种现象可能有人家的根据，但他根据什么说的，要具体分析。……'近殿欺佛'这个词值得斟酌，但我不认为作者是在面壁虚构。"①

7月 《博览群书》第7期刊发了阿琪的访谈文章《苍凉悲壮的二月河》。在这篇采访文章中，二月河解答了自己为什么会选择清代："我考虑写清代更能贴近我们的现实生活。少数民族入主中原，第一次是'五胡'，第二次是元朝，第三次就是清朝。在中国历史上，有这样一种说法：胡人无百年之运，只是几十年的江山，唯独清代在中国有二百六七十年，十代皇帝。原因在什么地方？我认为满族人更谦虚，更尊重理解汉族文化的博大浩瀚。从康熙开始，要统治汉族人，就必须学习汉族人的统治形式，清代不仅是学习吸收了孔孟之道，而且还搞了许多学术活动，通过这些学术活动，进一步推进了从宋元以来这一整套伦理道德上的完善。思想上的完善、经济上的发展，整个这一套，按照中原汉族文化去治理庞大的民族，所以说它就比较文明。这种文明，给我们带来的是一种封建社会的最辉煌

---

① 转引自冯兴阁、梁桦、刘文平主编《聚焦"皇帝作家"二月河》，广东人民出版社，2003，第35页。

时期。所以，康、雍、乾时期历年被称为中国封建社会的回光返照。中国封建政治制度、统治制度都达到了最完善的地步。"记者就评论家蔡葵、白烨、丁临一的评说向二月河提出问题，二月河从自己的创作开始进行了充分解答，并向冯其庸先生和责任编辑顾仞九先生对于他的帮助表示感谢："说到这里，我一生感激两个人，一位是冯其庸先生，一位是我著作的责任编辑顾仞久先生。前者认识我时，我只是一个中等水平的普通人；后者是在我完全处于困境之中时，勇敢地承担了出书的责任，把我的书献给了社会。"

10 月 《牡丹》第 5 期刊发了白冰的文章《近访二月河》。文中说："我发现，二月河本身就是一本书，是一本耐得咀嚼耐得思索的一本书，这本书的封面就应该叫——苦难与成功是孪生兄弟。"

11 月 《乾隆皇帝·日落长河》由河南文艺出版社出版。

《乾隆皇帝·日落长河》是系列长篇历史小说《乾隆皇帝》的第三卷。金川之役，清朝十几万大军征剿金川土司莎罗奔所率领的三万余藏军，结果惨败。讷亲刚愎自用，不纳善言，战败之后又畏罪讳过，欺君罔上。战败辱君又恐罪行败露，企图杀人灭口，逶过于有功将佐海兰察、兆惠等军门。军机处大臣傅恒临危受命，再度征讨金川，路上遭一群装成苗家舞女的金川部落色勒奔的流民刺杀；黄水泛滥，苏北淮北闹水灾，乾隆任尹继善为两江总督；刘统勋、刘墉父子奉命整饬吏治，扫去反叛的江湖野士；高恒奉命巡视盐务，却与专管铜政的户部侍

《乾隆皇帝·日落长河》封面

郎钱度勾结贩铜，官卖私盐，被刘统勋等人弹劾而后被抄家。此外，乾隆巡视南京，收揽民心，遇易瑛于毗卢院，最终有惊无险，易瑛等一众反叛被刘墉、黄天霸等人围困火烧于观枫楼。

11月　《教师博览》第11期刊发了朱小如的文章《一泻千里二月河》，作者如是说："一个在青年时代经历过'文革'，又惨遭家变和情变，被电打过，火烧过，炮崩过，房子塌了扣住过，翻车出过大祸的人，如今写出十大卷共400余万字的康熙、雍正、乾隆系列小说，本本畅销。这在当前文坛可能是独此一人。"

《雍正皇帝》获河南省第二届文学艺术优秀成果奖。《河南日报》在对河南省第二届文学艺术优秀成果奖的漫评中谈道：《雍正皇帝》是以权力斗争为主线，辐射了当代政治、军事、文化等多侧面的社会生活，写历史题材，是先人为我们创造的得天独厚的优势，二月河挟历史雄风，写出了"一部中华民族文化的百科全书"。

1997年　53岁

　　2月19日，邓小平在北京病逝，享年93岁。当天，中共中央、全国人大常委会、国务院、全国政协、中央军委发出《告全党全军全国各族人民书》，指出邓小平是我党我军我国各族人民公认的享有崇高威望的卓越领导人，伟大的马克思主义者，伟大的无产阶级革命家、政治家、军事家、外交家，久经考验的共产主义战士，我国社会主义改革开放和现代化建设的总设计师，建设有中国特色社会主义理论的创立者。

　　6月30日午夜至7月1日凌晨，中、英两国政府香港政权交接的仪式在香港隆重举行。中华人民共和国主席江泽民庄严宣告：中国政府对香港恢复行使主权；中华人民共和国香港特别行政区正式成立。1时30分，中华人民共和国香港特别行政区成立暨特区政府宣誓就职仪式在香港会议展览中心新翼七楼隆重举行。

　　9月12—18日，中国共产党第十五次全国代表大会在北京召开。江泽民代表第十四届中央委员会向大会作《高举邓小平理论伟大旗帜，把建设有中国特色社会主义事业全面推向二十一世纪》的报告。

12 月 19 日，第四届茅盾文学奖揭晓。王火的《战争和人》（一、二、三）、陈忠实的《白鹿原》（修订本）、刘斯奋的《白门柳》（一、二）、刘玉民的《骚动之秋》4 部作品获奖。

1 月　《上海师范大学学报（哲学社会科学版）》第 1 期发表了吴晓明的文章《论中国当代传记文学的创作》，文中指出："历史人物的传记文学创作，是近年来这类传记作品创作中的一个重要的方面……二月河的《雍正皇帝》入围第四届茅盾文学奖候选作品，被评家认为是百年不遇的佳作，直逼《红楼梦》。这部书最突出的特点是它的历史性与文学性的有机融合。"

4 月　《河南省情与统计》第 4 期刊发了王小平的文章《奔流不息二月河》，王小平说："二月河近年来的创作势头正如他的名字——春风解冻的黄河，奔流而下，势不可挡。"

8 月　二月河的《走近些，请再走近些……》在《公安月刊》第 8 期发表。

8 月　胡平的《评〈曾国藩〉与〈雍正皇帝〉的竞领风骚》在《当代文坛》第 4 期发表。胡平是著名文学评论家，他通过《曾国藩》与《雍正皇帝》的比较，指出了二月河历史小说的特色和价值。他认为，长期以来，我们看惯了两种历史小说，一种是由历史学家写的充满史实而缺少情趣的小说，一种是由小说家写的不乏想象力而缺少实感的小说。现在有了《雍正皇帝》，便令人大喜过望。《雍正皇帝》的大雅若俗首先表现在以"描写帝王行止，宫廷秘闻"为题，逐步将读者的兴趣，引向波谲云诡、危机四伏的宫廷政治。二月河对创作主题的深刻把握显示出他是一位正统的纯文学作家，而他的创作方式又显示出他是一位充分学者化的纯文学作家。同时，二月河的小说与历史学者写的小说又有很大不同，他更善于把历史知识"化"开溶解在作品的各种艺术成分之中，秋水无痕。《雍正皇帝》的成绩表明，作家学者化比学者改写小说厉害。知识靠的是死功夫，创作却要有天分（当然有些学者也是有天分的）。不过，在目前都忙着与时间赛跑、抢先出书、将名抵利、竭泽而渔的创作氛围中，又有几人肯像二月河那样每日花费四小时坚持看书积累学识呢？将《曾国藩》与《雍正皇帝》放在一起比较，它们同为力作，各具千秋，都有竞领风骚的资格。从文化现象的角度看，《雍正皇帝》虽然不无缺憾，但是艺术上远比《曾国藩》圆满。

9月12—18日 作为党的十五大代表参加中国共产党第十五次全国代表大会。

9月 《乾隆皇帝·天步艰难》由新世界出版社出版。

《乾隆皇帝·天步艰难》是系列长篇历史小说《乾隆皇帝》的第四卷，主要从乾隆巡幸江南和傅恒用兵金川这两条线索展开。乾隆巡幸江南，歌舞升平的背后路有冻殍，饥盗为患，贪渎滋生。"一枝花"余党蔡七等人劫粮银船，一众人逃往山东，

《乾隆皇帝·天步艰难》封面

少年福康安和刘墉以钦差身份，临机组兵，一举擒魁。甘肃总督勒尔谨、王亶望等官员冒赈贪赃，遭微服出访的弘昼、阿桂、和珅弹劾。傅恒用兵大小金川，莎罗奔之妻朵云闯京师劫人质，南下过程中脱逃邂逅乾隆，押回北京听劝后，受乾隆接见。乾隆派岳钟麒阵前宣旨以求大小金川罢兵言和。傅恒为求长远，整军进击，最终围困莎罗奔等人于刮耳崖。莎罗奔无奈黄绫面缚请罪受封，誓为朝廷藩篱。至此，历经十几年，金川大局稳定，西南无虞。

9月　《南都学坛（哲学社会科学版）》第5期发表了张书恒、张德礼的文章《论"南阳作家群"的成因及其文化特征》。文章指出："南阳作家对中国文坛的冲击是多层次、全方位的。历史小说作为整个文学创作的一个方面，在南阳同样取得了令人瞩目的成就。以二月河、马云泰、陈君昌等为代表的一批作家，深得南阳丰厚历史文化的雨露滋润。在历史小说的创作方面，以一系列深受广大读者厚爱，并受到文坛好评的长篇小说显示出南阳作家非凡的创作实力和创作后劲……二月河对南阳的贡献不在于对南阳历史文化的表现，而是在于他能站在一个更高的历史、文化、哲学、宗教的层次上，俯视和清理整个中国古老的封建文化传统对中国历史发展的影响，以及封建传统文化对旧中国各个阶层，特别是士人阶层的影响力与铸造力。不唯如此，作者还以一个历史学家的严谨治学态度和精神，给中国历史中的某些历史事件以新的'定位'，使作品更加具备了历史的准确性与可视性。"

9月 杨世伟在《文学评论》第5期上发表文章《评二月河的长篇历史小说》。

《评二月河的长篇历史小说》一文指出，二月河的长篇历史小说《康熙大帝》《雍正皇帝》把真实的历史人物和事件的具象与人物和情节的虚构相互穿插、融合、使之浑然一体，呈现出一幅活生生的历史图景，完成了一次成功的艺术再创造。二月河从清朝帝王中选取康熙、雍正、乾隆作为艺术表现对象，可谓既具历史眼光又具艺术眼光。在中国几千年封建王朝统治中真正能够建功立业、彪炳青史的帝王，屈指可数，而这三位却可置列其中。清王朝距今并不十分遥远，通过各种媒介，我们对自鸦片战争以来它的腐败、昏庸、愚钝、丧权辱国知之较多，而对清朝中就有这样三位有作为的皇帝的功业，却知之不详。用文学的媒体让更多的人知道这段历史，应该说是很有意义的，可以对历史有更全面的了解，更重要的是可以从清王朝前后期形象的巨大反差中，总结出很多历史的经验与教训。从艺术的角度看，康熙和雍正，都是在纷繁复杂的斗争形势中创造了业绩，而又具有鲜明性格特征的历史人物，特别适宜艺术的表现。

二月河的三部长篇巨著之所以获得成功，得到广大读者的喜爱，是作者充分发挥了形象思维和艺术想象能力以及较好地发挥了长篇小说叙事功能的结果。就历史小说而言，它的艺术想象包含两方面的内容：一是对历史事实，即客观的真实的人物和事件加以具象，使之成为可以感知的生活画面；二是在不违背历史真实的前提下，虚构一些人物和事件，使作品的人物和情节变得更为丰富、更为生动、更为完整。两者有时也难截然划分。历史小说只有在这两方面都充分发挥了艺术想象，并使两者有机地融合起来，才最终与历史划清界限，完成了自己的艺术再创造。二月河在具象历史真实上，显示出了很强的想象力，作者为追求更完美的艺术真实，也虚构了一些并非实有的人和事。

《文学评论》是中国最重要的文学研究刊物，第一次刊出全面研究和评价二月河历史小说创作的论文，标志着学术界对二月河历史小说的肯定。

11月　二月河原著、王瑞人改编的《雍正皇帝》（上·中·下）由经济日报出版社出版。

二月河原著、王瑞人改编的《雍正皇帝》（上·中·下）书影

1998 年　54 岁

　　2 月 9 日，由中国作家协会主办的鲁迅文学奖（1995—1996 年）各单项优秀作品奖评选结果揭晓。《老屋小记》等 6 篇作品获全国优秀短篇小说奖，《父亲是个兵》等 10 篇作品获全国优秀中篇小说奖，《锦州之恋》等 15 篇（部）作品获全国优秀报告文学奖，《生命是一片叶子》等 8 部诗集获全国优秀诗歌奖，《何为散文选集》和《微言集》等 15 部散文、杂文集获全国优秀散文奖和优秀杂文奖，《认识老舍》等 5 篇文章获全国优秀理论评论奖，《华兹华斯抒情诗选》等 5 部作品获全国优秀文学翻译彩虹奖。《我的家在哪里》等 6 部散文杂文集和陈占元等 25 位翻译家分别获散文杂文荣誉奖和文学翻译荣誉奖。

　　6 月中旬至 9 月上旬，我国南方特别是长江流域及北方的嫩江、松花江流域出现历史上罕见的特大洪灾。在中共中央、国务院、中央军委的领导下，全党全军全国人民团结奋战，取得了抗洪抢险斗争的全面胜利。

1月　《当代作家》第1期发表了周百义的《二月河和他的长篇历史小说——兼谈当代历史小说的走向》。文章指出，在研究历史的深度上，在处理历史真实和艺术真实的关系上，同是历史小说，在不同作家的名下出现了不同的艺术风格和审美差异。从创作实践中来看，当代历史小说就其认识历史、表现历史的区别上，大致可以分为三种类型：一类是服从于历史的规定性，尽可能地忠实于历史的本来面目，遵循历史发展的必然规律，在构思历史小说的情节，设置人物关系时强调"文皆有据，史必可考"。第二类作品主要表现在作家在遵循历史真实的基础上，比较重视形象思维，他们充分发挥想象的空间，在不违背历史真实的前提下，虚构一些人物和事件。还有一类历史小说，想象丰富，故事曲折，或根据史料的记载铺陈演义，或根据传说补缀加工，作家在想象中重构历史，传达主观意象。这一类作品，有些自称为"演义"，有些自称为"新历史小说"。二月河的《康熙大帝》《雍正皇帝》《乾隆皇帝》属于第二类作品。在《雍正皇帝》中，二月河为追求艺术的真实，虚构了邬思道、李卫、田文镜等人的一些事，与史实有很大的区别。

2月　《记者观察》第2期发表了刘雅鸣的《访著名作家二月河》。文中引用了二月河的话："写历史小说最容易犯两个毛病，一是无一笔不考证，唯求真实，因而写成了枯燥的纯历史著作；二是捕风捉影，过于相信传说，而成了'传奇'。"文中还说："二月河试图用一种全新的创作方法，来写出他心目中的祖孙三代帝王。他努力追求历史真实与艺术真实的结合，其中大量融入了他对这个人生、世界的情感。正是如此，才使得二月河笔下的帝王形象，显得那样光彩照人，颇能打动人心。"

12 月　《匣剑帷灯——二月河作品选》由长江文艺出版社出版。

《匣剑帷灯——二月河作品选》
封面

《匣剑帷灯——二月河作品选》汇集了二月河当年撰写的"红学"论文、电影剧本及中短篇小说、随笔。从中可以一窥堂奥，知其文心如锦，寻觅到他攀登文学高峰的崎岖之路。

1999 年　55 岁

5 月 8 日凌晨 5 时 45 分，以美国为首的北约至少使用 3 枚导弹悍然袭击我国驻南联盟大使馆。新华社女记者邵云环、《光明日报》记者许杏虎和夫人朱颖不幸遇难。据悉，这是外国驻南外交机构第一次被炸。

7 月 13 日，中国文联成立 50 周年纪念大会在北京召开。7 月，由《萌芽》杂志主办的以中学生为主的新概念作文大奖赛决赛在上海举办。之后形成惯例，每年 7 月举办该年度作文大奖赛。

10 月 1 日，走过半个世纪光辉历程的新中国，迎来了她 50 周年的庆典。首都各界庆祝中华人民共和国成立 50 周年大会，在北京天安门广场隆重举行。50 万各族军民以盛大的阅兵仪式和群众游行，欢庆伟大祖国的这一盛大节日。

12 月 20 日零时，在雄壮的《义勇军进行曲》乐曲声中，中华人民共和国国旗和中华人民共和国澳门特别行政区区旗庄严升起。从此，澳门回到祖国的怀抱，中国人民在完成祖国统一大业中又迈出重要的一步。

1月3日　根据长篇历史小说《雍正皇帝》改编的四十四集电视连续剧《雍正王朝》，从元旦到春节在中央电视一台黄金时间播出。这是一部大投资、大制作的电视剧。"刘文武、苏斌以儒商气度、学者心绪直接参与剧本的策划，并以国家和历史的命题，以崇高和悲怆的风格框定此剧，把纷繁的历史线索和细节故事删减浓缩，突出表现雍正这个康乾盛世的缔造者之一，明知不可为而为之的历史正剧加悲剧。"①"《雍正王朝》作为一部历史正剧，不同于以往的清宫戏，它力求全方位地从正面展示一个中国王朝的运行轨迹，上至官场百态、科举应试、宫廷秘闻，下至民生苦乐、市井风情、秦楼瓦肆，应有尽有。本着'一切历史都是当代史'的理念，这部戏应该说是康、雍、乾交替时期的一次艺术巡礼。在这部戏里，有名有姓的大小演员就有二百多人。大场面的戏接二连三。"②"为了加强全剧造型风格的力度和纵深感，他们大量采用了运动镜头，破除了一般宫廷戏的呆板、单一和平面为主的处理方法。大胆运用了现代两极镜头的组接，以便增强视觉上的冲击力。在色彩上强调反差，每个段落都有自己的大色块，以不同的色彩基调的衔接，造成鲜明变化。重点段落浓重渲染，大则大出气势，不拍场面则已，拍就拍出规模，拍出撼人的力度。而在人物细节的肖像和细微

①　童潼:《〈雍正王朝〉畅吟历史风情》，《中国商界》1998 年第 3 期。
②　童潼:《〈雍正王朝〉畅吟历史风情》，《中国商界》1998 年第 3 期。

动作的描写上，细出味道，不走中间道路。"①

电视剧《雍正王朝》一经播出就创下了很高的收视纪录，观众反响热烈，最高收视率 16.7%，包揽了该年所有电视剧奖项的大奖，形成了一个"《雍正王朝》热"。《雍正王朝》不仅剧情高潮迭起，故事情节环环相扣，而且刻画出了一系列栩栩如生的人物，传达了一种博大的"大中国史观"。"电视连续剧《雍正王朝》，于家和国的激烈冲突中重新审视人格人品，从而为观众树立起一个坚韧不拔而又孤独偏执的改革皇帝形象。《雍》剧的艺术魅力及现实意义，表现为特定的历史条件决定了中央集权制的不可替代性，而推行新政的动机，则更令雍正的集权有了一定的积极意义；家与国的激烈冲突势必给雍正的改革带来重重阻力，但不被朝野拥戴的雍正孤独而坚韧地实践着理想，从而为清朝留下沉重而绚丽的一笔；传统文化的无意味渗透，弥合了历史与现实的界限，令观众产生了强烈的现实感，更激励人们回头去审视历史。"②

电视剧《雍正王朝》收视率高，社会反响好，但是剧中的雍正形象引起了很大的争议。二月河笔下的雍正既是个励精图治、奋发有为的帝王，又是个阴险复杂、工于心计、不苟言笑的"冷面王"，但是电视剧中的雍正缺少了小说中的那种复杂性格，而被刻画成一个隐忍坚毅、忧国忧民的帝王。《雍正王朝》

---

① 阿琪：《〈雍正王朝〉的诞生》，《中州学人》1999 年第 5 期。
② 杨晓萍：《于家和国的冲撞中艰难崛起——电视连续剧〈雍正王朝〉思想艺术性纵横谈》，《衡阳师范学院学报（社会科学）》1999 年第 4 期。

的总导演胡玫认为该剧是"基本"把握了雍正的形象。对此，二月河不主张"把雍正塑造成一个没有缺点、完美无瑕的人"。在二月河看来，电视剧上的"雍正"不够内向深沉，表演得太外露了，缺少阴冷、狠毒的一面。

《雍正王朝》播出之后，一些人浮想联翩，认为这部剧有很强烈的针对性，一些故事有借古讽今之嫌。对此，二月河本人并不认同，他说："历史和现实往往有许多惊人的相似之处。大凡优秀的历史小说，都具有强烈的现实意义，但是历史题材小说必须忠于历史的真实性和艺术的真实性，决不能为了针砭当今的腐败问题、治安问题、下岗问题，而故意编造一些故事来借古讽今。"比如电视剧《雍正王朝》一开头就描写黄河洪水泛滥、贪官横行、民不聊生，有人认为这是影射 1998 年长江洪水一事。二月河说："这个开头是一段真实的历史故事，也是塑造雍正的典型环境。我的《雍正皇帝》早在 1998 年之前就出版得奖了，影射长江洪水从何说起？"

2 月　《社会科学论坛》第 2 期发表了卫庶的访谈文章《文学真实与历史真实——访二月河》。二月河的创作遵守着双重的真实："凡是细节都是虚构的，重大的历史事件是真实的。""《雍正皇帝》整本书都是围绕雍正的性格展开的。所以，这里遵照的是（历史和艺术的）双重真实。""我的创作思路是，通过形象思维对历史的感悟，通过人物形象的个性表现，通过分析一个个故事情节，既表达对历史的认识，又表达对人生的感受，也还要有娱乐功能。因为，如果小说不好看，人家认为它是在讲道理，那还不如去看历史教科书；如果一字不差地复述历史，那人们不如去看《清史稿》。""在历史的真实和艺术之间，我尽量做到两者的结合，应该是，也可以是做得比较好的。但是，如果发生了这样的情况，这个（历史）事件对这个人物的性格不利，不合这个意思，不好看，不符合艺术的真实，我宁可让历史的真实为艺术的真实让步。这是我的一个原则。"

2月　《福建论坛（文史哲版）》第1期发表了朱水涌的《社会鼎革与文化转型的历史呼应——谈90年代反映明清时期的历史小说》。作者高度评价二月河的历史小说："二月河以明清章回小说的形式来写'帝王行止、宫廷秘闻'。他抓住读者的'探秘'心理和对历史故事的迷恋，将读者引向波谲云诡、危机四伏的宫廷政治……"

2月　《中国图书评论》第2期发表了武嘉路的《以史著文　以文立史——谈长篇历史小说〈雍正皇帝〉的现实价值》。作者认为："《雍正皇帝》的成功之处，就是没有被传统的说法左右，而是把雍正帝放在改革的风口浪尖上，并以此为线索展开了改革与反改革的斗争，包括诸王子争夺皇位的斗争、反对朋党的斗争、清理顽固保守派的斗争等。""长篇历史小说《雍正皇帝》的功绩，就是一反历史旧说，重新审视这段历史，给雍正以一个较为公允的评价。并且由于它是小说，是以史著文，以文立史，而不是枯燥的历史论文，所以能把这种评价体现在人物塑造之中，为我们刻画了一个血肉丰满性格复杂的改革家的形象。"

3月6日　据新华社北京3月6日电，台湾巴比伦出版社负责人花逸文表示，两岸文化相同，河南作家二月河的历史题材小说在台湾拥有众多忠实读者。二月河的《康熙大帝》《雍正皇帝》和《乾隆皇帝》三部作品在台湾出版后，没有做任何广告，完全靠读者口耳相传，出版几年来，年年都再版，成为该社的"镇社之宝"。

3月　《文学评论》第2期发表了张书恒的《评二月河"清代帝王系列"小说》。文章认为，二月河的"帝王系列"小说，全面再现了清朝三位有为皇帝康熙、雍正、乾隆的政治生活。由于作品以"正史"为基本线索，而在一些非主要人物和非重大历史事件的塑造和描绘上，作者发挥了自己独到的重构能力，并辅作品以大量的社会风情和人文景观的描绘，这就使作品既具备了"史诗"的品格，又呈现出"平民化"的特质，表现了雅俗合流的倾向。怎样把"康乾盛世"这一百多年的辉煌在作品中再现出来，对二月河来讲无疑是一项艰巨而又浩繁的文学工程。对重大历史事件和三位帝王的真实再现和描绘，显示出二月河"帝王系列"不凡的大气之象。作者对清代皇家宫廷的生活知识有全方位掌握，诸如君臣的衣帽服饰、宫廷礼仪、典章制度、食膳规律、嫔妃进御，其他还有政权机构设置、官员配置方法、权限职责范围等等，作品中都有详细交代和表现，二月河自称"半个历史学家"，从作品看一点不假。二月河的"帝王系列"，除对重大历史事件进行自我认知的重构外，还以独特的方式在自己擅长的领域，表现了他对中国传统文化的深刻理解和重构力，他的这种对传统文化的重构主要体现在他所塑造出的一大批士人形象上。作家对一大批封建文人的行为、心理、思想特征的表现和描写，体现出二月河对中国传统文化精髓的深刻理解和把握，这是这一系列作品颇具文化品位的支点，作者通过对宫墙之内、帝王之家皇储皇位之争的描写，更是把自己对历史文化的认知和重构，延伸到造成这种文化特点的根处，从而揭开了罩在生活于那个社会环境里的人们脸上的那层温情脉脉的面纱，从这一意义上讲，二月河对这些历史文化特征的揭示与重构具有醒世的作用。以细腻的笔法在作品中描绘出一幅清初社会的市井风俗画，是二月河"帝王系列"的另一特点，也是二月河平民化写作的又一特征。作品对清代的饮食服饰、里巷杂业、蓬门荜户、宫廷庙堂、典章文化、礼仪乐章、青楼红粉、勾栏瓦肆、五花八门无不展示，三教九流、七行八作无不涉及。二月河的"帝王系列"之所以能受到读者和评论界的好评和厚爱，主要是因为作者在创作中较好地处理了几组关系：第一是历史与艺术的关系，第二是雅与俗的关系，第三是历史与现实的关系。

　　3月　《经济视角》第3期发表了勇雪莹的访谈文章《谈我国历史上的税制改革——访二月河》。在采访中，二月河说："我国的税收历史可以说是源远流长，从奴隶社会的'贡''助''彻'这些税收的雏形，直到清代的'摊丁入亩'等，都是以田赋为主要课税对象。海关税是到康熙二十四年（1685年）海关解禁后才开征的。在此之前，虽然中国与东南亚一些国家如日本等有过海上贸易，但仅仅以民间交往为主，真正从官方开始还是在康熙年间。自秦始皇以来到宣统皇帝273位君主能够开海禁的只有康熙皇帝一人。"

3月 《电视研究》第3期发表了吴兆龙的《〈雍正王朝〉编辑札记》。该文指出："改编名著首先要面对的问题是如何忠实原著……我们摸索到'忠实原著'首要的是忠实原著的创造精神和艺术成就，只有以小说的止点为起点，从小说中要故事、要人物、要一切能出彩的原料，按照电视连续剧的特性重新加工，才是一条见成效的路子。""不媚俗，不影射，表现'国家至上'，表现'当家难'，不要存一点点媚俗之心，不要存一点点影射之心。这是《雍》剧开始策划时就达成共识的。不但要表现历史的真实，还希望表现出文化的真实、历史精神的真实。如果说今天观众看了电视剧，觉得剧中的人物有些熟悉，有些亲切，那正是表现出了文化真实所收到的功效，因为我们今天仍然生活在传统文化的氛围中。"

3月 二月河的《三春嗜好浅析——二月河红学论稿选刊》在《当代作家》第2期发表。

4月 《二月河作品自选集》由河南文艺出版社出版。

《二月河作品自选集》主要包括"往事杂忆""信手走笔""梅溪掇红叶组谭""笔耕琐谈""通信录""说部散篇"六个部分。在"通信录"《与鲁枢元先生的通信》一文中，二月河说明了"落霞三部曲"的创作起点、对于传统文化的态度以及叙事上的诸多问题。"我写这书主观意识是灌注我血液中的两种东

《二月河作品自选集》封面

西。一是爱国，二是华夏文明中认为美的文化遗产。我们现在太需要这两点了，我想借满族人初入关时那虎虎生气，振作一下有些萎靡的精神。"① 在对待传统文化的态度上，"我尽可能地从传统道德中摄取了带有活力、有营养的东西赋予我的人物，让读者从这些人物与命运的抗拒联系中去体味中华文明浩然无际的伟大"②。在人物塑造上，用"小人物"来烘托"大人物"的形象，"但只要提笔，我首先想到的是他的品质，他们的这些品质如何烘托出康熙的'大'。因为这是一批活动在康熙周围的

---

① 二月河：《二月河作品自选集》，河南文艺出版社，1999，第239—240页。
② 二月河：《二月河作品自选集》，河南文艺出版社，1999，第240页。

人，是鲜活的，死板的，对此书命运至关重要，是高尚的，卑琐的，则直接影响到核心主人公康熙形象的树立"①。

4月　二月河的《追怀历史思绪　焕映春华风情——贺九届全国人大二次会议》发表在《人大工作通讯》第C1期。

5月　二月河的《不能无能也不能显能》发表在《领导文萃》第5期。

5月　《英才》第5期刊载了田子、李红光的《二月河谁讲感情谁垮台（官场权术文学版）》。对于雍正皇帝这个政治家，二月河评价道："看政治家应该看他的公德而不是私德，看他是不是使社会进步了。再说说雍正篡位站不住脚，对于这样重要的传位诏书，在过去写时是满汉合璧的，你改得了满文改不了汉文，这也不是我二月河的发现。雍正之所以杰出，是他比封建社会最清廉而有政绩的武则天和朱元璋更像皇帝。武、朱两帝就一个'杀'字，没有制度，而雍正是采取了一系列制度的，他更高明。""'落霞三部曲'，取'夕阳无限好，只是近黄昏'之意。我并不是对皇帝们歌功颂德，我是把它当史诗来写的。"

5月　《行政人事管理》第5期刊发了胡云生的《二月河：百折不回奔大海》。作者指出，在作品的背后，二月河付出了很多的心血和汗水。"假如这世上有人曾经和我同路跋涉过人生，他就能告诉你，我是怎样一个读书狂。在二十多年的漫长岁月

---

① 二月河：《二月河作品自选集》，河南文艺出版社，1999，第240页。

里，我不曾在半夜一点前睡觉；告诉你，我曾被管理员遗忘反扣在图书馆中不自知晓；告诉你，我捧书走路，踢掉了脚指甲，血流殷道而浑然不觉。假如他看见我裁开包水泥的牛皮纸袋做卡片，一字一句地摘录那些劈柴纹理，他就只能如实说，二月河不过是文坛一痴。"

6月 香港《亚洲周刊》评选的"20世纪中文小说一百强"揭晓，《雍正皇帝》榜上有名。

6月 《语文教学与研究》第6期发表了潘峰的《历史·人性·现代性——读二月河的历史小说〈雍正皇帝〉》。文章认为："作品既有'历史感'又有'时代感'；既要探索历史的底蕴，总结出历史经验教训，又有作家的审美追求；既给历史一个真面目，重新审视历史，又反观我们身边的现实，通过历史的轨迹，从纷纷扰扰的现实中理出一个头绪；既超出历史，又跳出现实，将现实注入深蕴的历史内容，将历史用现代的眼光去阐释。""作品在人与人性的审美把握上，去重塑历史人物，使历史与现实寻找到相同的价值观和审美意蕴，发掘了一种共有的民族精神。""二月河以自己的作品在通俗文学与高雅文学之间搭起了一座桥梁，坚持严肃认真创作态度，写历史入乎其内，又出乎其外。严肃立意，深化了作品的思想境界，又讲究作品的可读性与艺术的感染力。"

6月 《粤海风》第3期发表了胡明的《"雍正"也是一个"小姑娘"》。该文指出："电视剧的'雍正'就其文本真实而言，尤应引起我们珍视的是创作者历史见解背后的历史真实。

我们从《雍正王朝》中更多看到的是电视剧创作者的历史思考以及潜伏在这个历史思考下的他们自身的精神自由和生存状态——这才是历史真实的更动人的含义或者说更本质的真实。我们欣赏一部文艺作品，我们须留意的是这部文艺作品的作者的精神自由的深度和生存状态对其心理的影响，也即钱锺书曾在《谈艺录》中说的'精神之蜕迹，心理之征存'。一部历史题材电视剧如同稗史小说，虽在考信人事上未必能一一凿实，但足以'觇人情而征人心'，即说可以洞鉴一个时代的世情人心。……我们从《雍正王朝》中时时可以看到 20 世纪 90 年代末中国当代精神与心理的折光。'恢复雍正的本来面目，消除百年来滚滚骂名'，反映出一种历史判断与时代精神，或者说制造了一种舆论呼声，寄托了一种历史理想。"

6 月 《时代潮》第 6 期发表了冯兴阁的《"文坛怪杰"二月河》。作者在文中说，对于雍正的"社会形象"，二月河总结道："雍正得罪的官僚、缙绅、地主和读书人太多了，因此，活着的时候就没什么好口碑。留下的资料多是挨整的人写的，何况他抄了曹雪芹的家，惹翻了古代和现代一批爱红敬曹的知识人，这样，肯于并能给他说几句公道话的也就寥寥。雍正的性格有缺憾，不讨人喜欢的面孔误了他。"二月河从小随着父母奔走于黄河两岸，对于黄河留下了深刻的印象。"当他的长篇历史小说《康熙大帝》第一部写完后，因为自己的名字太现代，需要拟个笔名时，他首先想到的是那条落日映照的二月黄河。他说：'三门峡陕县那个地方有个太阳渡，小时候印象最深的是太阳。太阳落山了，整个河面上，整个邙山，呈现一派非常壮观的玫瑰紫色，像流淌着一河黄金。'……他把自己视为太阳渡的孩子，二月河就是黄河，他以此寄托自己的理想和希望。"

7月 野莽主编、二月河等著的《绝响》由中国文学出版社出版。二月河的小说《爝火五羊城》收录其中。

8月 《平原大学学报》第3期发表了秦都雍、木易生的《"二月河现象"浅析》。文章指出："二月河的'皇帝系列'丛书的出版，我们认为代表了目前历史小说的最高成就，不仅仅是艺术上的，而且是社会和历史意义上的。""'二月河现象'的产生，不是一个孤立的事件，它是新时期历史小说发展的必然结果。如果说姚雪垠的《李自成》（前三卷）开创了新时期历史小说的新发展，那么，到二月河的'皇帝系列'历史小说则呈现出一个新的飞跃。""二月河创作的'皇帝系列'小说，就可以把人物放在特定的历史环境、条件下，以其本心来塑造其形象，虽然有虚构，也是在当时历史背景下的合理构造，而非政治性的图解，而是再现了历史的真实。可贵的是，二月河在描述历史事件、历史现象，特别是刻画历史人物、塑造人物形象时没有把人物简单化，而是把他放在特定的历史时期的典型环境中，从多侧面、多角度写出了人物和事件的复杂性、特殊性、必然性及偶然性。从康熙到雍正到乾隆，写出了三个脸谱不同、性格各异的皇帝形象。既写出了他们作为一个封建皇帝所具有的'皇权至上'的皇帝的一面，又写出了他们作为一个普通人所具有的'人性'的一面。三个皇上同是'康乾盛世'的缔造者，但在'文治武功'方面，性格塑造方面又都迥然不同，是一个独特的'这一个'。写皇帝是如此，写大臣、写举子、写平民人物也是如此。所以其人物性格鲜明，几乎每一个人都有血有肉，有感情，真实生动，显得栩栩如生，使人经久难忘。""从'二月河现象'，我们可以看到，文学现象说到底是一种社会现象，它反映了历史的真实，适应了现实的生活，符合现代人的精神需要，因而形成一种'现象'。"

9月 《乾隆皇帝·云暗凤阙》由河南文艺出版社出版。

《乾隆皇帝·云暗凤阙》是系列长篇历史小说《乾隆皇帝》的第五卷。在这一卷中，乾隆已过耳顺之年，虽然表面藻饰太

《乾隆皇帝·云暗凤阙》封面

平、繁华盛极，但是乾隆王朝实际上是危机四伏、矛盾四起。京师衙门纪律不整衙务废弛；天理会教众、匪徒四处蛊惑人心，传布邪教，结堂奉香，在直隶、山东、河南已经成蔓延之势；京师京畿党羽爪牙密布，官吏贪酷横暴；西域霍集占之乱正炽，台湾福建教匪啸聚，江北六省水旱蝗灾肆虐，人民流离……在此情形下，乾隆仍宵旰勤政，重用阿桂、于敏中、刘墉、李侍尧、和珅等大臣。山东巡抚国泰，为弥补藩库亏空，借赈灾旨意，收购民间库存霉粮，贪渎不法，布政使于易简娄索贪贿，买卖官缺，乾隆任刘墉、和珅、钱沣三人赴山东查办抄家。乾隆历练十五阿哥颙琰，去山东观风察情，在山东发现传布邪教的林清爽。山东平邑县暴乱，福康安奉旨出兵征剿。

9 月　《乾隆皇帝·秋声紫苑》由河南文艺出版社出版。

《乾隆皇帝·秋声紫苑》是系列长篇历史小说《乾隆皇帝》的第六卷，也是最后一卷。乾隆晚年，烽火四起，吏治每况愈下。平邑叛乱，福康安奉旨平叛，龟蒙顶之战后平邑会战大捷，贼匪龚瞎子、王炎等不屈战死。和珅阴险毒辣，收受山东库银贿赂七十万两，为防事情败露，趁着刘墉奉旨协助福康安剿灭逆贼时，支开钱沣，毒杀国泰、于易简。金川叛乱，福康安带兵金川，以防小莎罗奔和藏中反叛联络，造成形势，逼英国人、印度人从不丹撤兵。和卓木回部霍集占叛乱，兆惠、海兰察、济度奉旨平叛，黑水河大捷后，平定西疆。在朝内，和珅陷害忠良，纪昀、李侍尧等人被革职抄家，纪昀被发往迪化军前效力，李侍尧发狱神庙羁押。和珅在建造圆明园的督工中，中饱

《乾隆皇帝·秋声紫苑》封面

私囊。因钱沣提及圆明园材料和修路工银，被和珅派人毒死。台湾林爽文之乱起，和珅贪婪军饷，福康安、海兰察等人虽平定台湾，但是乾隆六十年（1795年）后，天下多动荡，动辄以倾巢之力扑灭，乾隆自觉年事已高，精力不济，立嘉亲王颙琰为皇太子，在太和殿授玉玺成礼，嘉庆朝立。

10月 《科技潮》第10期发表了欣华的《近访二月河》。文章指出："'写历史小说最容易犯两个毛病，一是无一笔不考证，唯求真实，因而写成了枯燥的纯历史著作；二是捕风捉影，过于相信传说，而成了传奇。'二月河试图用一种全新的创作方法，来写出他心目中的祖孙三代帝王。他努力追求历史真实与艺术真实的结合，其中大量融入了他对这个人生、世界的情感。"

11月 《北京电影学院学报》第4期发表了张卫平的《〈雍正王朝〉评说》。文章认为："《雍正王朝》是一部具有史诗意味的历史悲剧。它不但写了一位君临天下、至高无上的帝王的可悲命运，而且写了笼罩在这位帝王头上的重帘覆幕下的中国历史氛围的悲哀，写了正是由于帝王与传统文化的必然关系才促成了这个历史悲剧的产生。这就是说写雍正的悲壮就是在写中国历史的悲怆。""在反复阅读小说和大量查阅史料的基础上，剧作者找到了自己的立脚点，一种历史观——中国几千年的历史和文化传统，和康熙末年危机四伏的现状决定了雍正的历史选择和历史命运……这一思想的定位，作品中所有的一切就都不是为了事件而事件，而是笼罩在浓重的悲剧气氛之中的历史过程。"

是年 二月河在《乾隆皇帝》还未完成时突因脑梗死中风，可以说，二月河是在病榻上完成了《乾隆皇帝》的最后一卷。1994—1999年，二月河完成了六卷本240余万字的"乾隆系列"。二月河在20世纪90年代几乎把心血都耗费在了《乾隆皇帝》上，可以说是"十年一阕歌乾隆"。"小说使读者看到了封建盛世的那个盛况。作者以广阔的阅读视野，在简洁硬板的史书和凌乱随意的笔记史料基础上，以极其丰富的想象力，发挥艺术虚构的特点，描绘出封建社会的百科全书式的全景图像。上自国家机器中枢的运转，帝王将相贵族府邸的生活，下至士农工商平民百姓的日常风俗，生动地展现在读者面前。然而作者的用意主要不在这里。他要使读者看到的，是那个盛世将衰的过程。……《乾隆皇帝》6 卷书除了第一卷，书名依次为《夕照空山》《日落长河》《天步艰难》《云暗凤阙》《秋声紫苑》，悲凉之气日益浓重。已经可以强烈地感到弥漫着的悲剧气氛了。这正是作者的历史眼光和历史感悟。作品的社会性和现实感因此而大大加强。"[1]

1985—1999 年，二月河完成了三部十三卷 520 余万字的"落霞三部曲"的鸿篇巨制，展现了清代最强盛的 130 多年历史生活的广阔画面。

"康、雍、乾时代，被史学界称为两千年中国封建社会回光返照的时代，仿佛落日前的晚霞，绚丽过后，便走向沉沦。"[2]这也是二月河将他的三部曲定名为"落霞三部曲"的原因。总的来说，康熙、雍正、乾隆这三代皇帝在中国历史学界里被称为中国封建社会辉煌的"三角"时期。"落霞三部曲"不是在歌颂皇权，而是在揭露专制，是表示即使有如康、雍、乾这样的天子也医治不了制度的痼疾，挽救不了封建专制的最终灭亡。这三部书是悲剧，历史的悲剧、时代的悲剧。"二月河的笔下不仅是帝王的世界——他并不是'歌功颂德'——还有各色人等

---

① 孙苏：《〈乾隆皇帝〉：盛世悲歌又一阕》，《河南日报》2000 年 10 月 13 日第 7 版。

② 卫庶：《文学真实与历史真实——访二月河》，《社会科学论坛》1999 年第 2 期。

的物质世界和精神世界，小说注重在风云变幻的历史时空里更多以中国方式讲述中国的人情世故、悲欢离合以及成功与失意、希望与迷茫。"①

二月河的创作也受到《红楼梦》的影响。他曾在采访中直言："不管是在人物塑造还是情节构造中，我都吸收了曹雪芹的人生经历及《红楼梦》中的一些元素。"在他的"落霞三部曲"中可以看出二月河和曹雪芹共同表现出来的"落霞"的心境与情结，"落霞三部曲"的叙述方式、结构方式以及人物形象的塑造、语言的运用等，都和《红楼梦》存在着广泛的联系。"从文学的意义上，《乾隆皇帝》乃至三部'落霞'系列小说，和《红楼梦》在主旨上有一个共通点：都是封建社会的挽歌，或者叫作盛世悲歌。也正是在这里，二月河的小说，不是通俗小说，不是宫闱秘史，甚至也不是一般的历史小说，它所蕴含的哲学意蕴和人生内容使它有资格进入大作品之列。"② "二月河是《红楼梦》的痴迷者。他让《红楼梦》的神韵流淌在他的'落霞系列'清帝长篇历史小说中，尤其在他的小说《雍正皇帝》中，无论从人性欲望的层面去揭示人物的悲剧命运，还是在人物设置与塑造、艺术虚构等方面都对《红楼梦》作了有力的借鉴，并取得了成功。"③

---

① 郝敬波：《二月河论》，作家出版社，2020，第6页。
② 孙荪：《〈乾隆皇帝〉：盛世悲歌又一阕》，《河南日报》2000年10月13日第7版。
③ 王美英：《〈雍正皇帝〉——〈红楼梦〉神韵的张扬》，《北京工业职业技术学院学报》2003年第3期。

"落霞三部曲"以其丰厚的历史社会内蕴、生动鲜明的人物形象、磅礴大气的叙事布局等独具的艺术魅力，深受广大读者的喜爱，在国内外享有盛名，并入选《亚洲周刊》评选的"20世纪中文小说一百强"。二月河抓住了历史小说的灵魂，开辟了历史小说的新时代。二月河称他写作时坚持的是：历史和艺术的双重真实，追求历史上社会人文与重大历史事实的真实演进表述，让小说表述的历史氛围与读者的阅读渴望得到某种契会，从而受到相应的历史启迪。"从某种意义上说，'落霞系列'的题材是很传统的，但传统的往往也是恒久的。有评论指出，此类题材引起现代读者如此的关注和普遍认同，说明了它植根于特定文化土壤的旺盛生命力，表现了中国气派与中国作风。"①二月河懂读者的心。他遍览历史风云，饱含家国情怀，打磨时代镜鉴的作品，他书写朝代兴衰的历史规律，是为了警醒人们不重蹈覆辙。

是年　在南阳市集邮协会第四次代表大会上，二月河被聘为邮协的名誉会长。二月河出差在外，闻讯后激动万分，特意打电话对南阳市集邮协会表示感谢："感谢集邮爱好者的厚爱，希望南阳集邮沿着一条健康之路循序渐进地发展，盼南阳集邮更上一层楼。"

---

① 刘雅鸣：《且看二月河这"一潭浑水"》，《北京档案》2002年第2期。

2000 年　56 岁

2 月 21—25 日，江泽民在广东考察工作时明确提出"三个代表"要求。

11 月 9 日，经过 200 多名老中青专家学者 5 年的努力，上溯中国文明起源，下启中国文明走向的夏商周三代终于有了较为明确的年代学标尺。"夏商周断代工程"正式公布的《夏商周年表》，初步确定夏朝起始年代约为公元前 2070 年，弥补了中国古代文明研究的一大缺憾。

11 月 11 日，第五届茅盾文学奖颁奖仪式在浙江义乌举行，阿来的《尘埃落定》、王安忆的《长恨歌》、王旭烽的《茶人三部曲》（一、二）、张平的《抉择》获奖。

1 月　《文史哲》第 1 期发表了郑春的《试论当代历史小说的创新努力》。文章指出："人的重新定位，人的本质还原，人的全面提升，是当代历史小说的第一个重要突破。为了实现这一突破，当代历史小说在人物塑造中有三个方面刻意创新、颇见功力：一是'真'，二是'深'，三是在风浪中写人。""历史小说既是历史又是小说，这就要求它既要有艺术虚构又要尊重历史真实。当代优秀的历史小说之所以让人感到真实可信，重要的原因之一是这些小说中的历史故事和历史人物在总体框架上，在'主线情节'的发展上完全是依据历史真实而展开的，这是传统意义上的历史小说与所谓'新历史小说'重要的不同之处，这自然对作家的历史知识和考据功夫提出了更高的要求。二月河在动笔创作'清代帝王系列'之前，十分重要的准备就是极其可观的史料积累，其中不仅有大量所谓的正史，也有众多的像《清稗类钞》之类的稗官野史。这种对史实严肃认真、精益求精的态度，为作家展开自由、丰富的艺术想象奠定了坚实的基础，也使其想象具有了更大的历史合理性，使小说的艺术真实更接近历史真实从而更忠实于历史。"

　　3 月　美国中国书刊、音像制品展览会组委会授予二月河"海外最受读者欢迎的中国作家"奖。此奖项当年首设，二月河为首位，也是当年唯一的获奖作家。二月河很高兴，他觉得读者之所以认可，可能是他的书中文化含量高。这不仅是对于他个人的厚爱，更重要的是体现了海外华人对整个华夏文化的怀念与追寻，对祖国和文化的寻根意识。这是对整个中华民族文化的认同，体现的是中华民族深刻的民族凝聚力。"这些年二月河获得了不少的奖誉，但他最重视两个奖项，一个是美国的'海外最受读者欢迎的中国作家'奖，一个是香港中学生评选的读书奖。因为前者是依据图书馆借阅率、书店销售率、读者投票率等多种调查结果评出的，自然最能体现读者的意向。后者让他略感意外：没想到中学生年龄段的人也能读得懂而且喜欢读自己的作品，令人欣慰。"①

4月　《福建师范大学学报（哲学社会科学版）》第2期发表了齐裕焜的《二月河"清帝系列"小说得失谈》。文章指出："以正史为基本线索，重要人物和重大事件基本上是于史有据的，而在非主要人物和事件上又充分发挥了艺术虚构和创造的能力，展示了清代社会风俗和人文景观，使作品具有宏伟的'史诗'规模……""采取章回小说形式，以生动有趣的故事情节取胜"，又"熔历史、人情、侠义、公案小说于一炉"，"小说语言既具有古代小说的韵味又适合现代人的阅读欣赏习惯"。同时指出，二月河用通俗小说的形式写清帝系列，总体上是成功的。但是，也存在着较大的缺陷：一是芜杂。"作者搜集引用了当时的野史、笔记、一些作家的小说、诗文、笑话等，这对丰富作品，使人物血肉丰满、故事生动有趣是必要的。但是，选择不精，堆砌过多，有的并不恰当。"二是荒诞。三是粗俗。

6月　二月河文、梅逢春画《康熙大帝》由西苑出版社出版。该书是"中国当代名人语画书系"之一。

7月14日　二月河的《自鸣不得意处》在《河南日报》发表。

7月　二月河的《防盗防火……小心朋友……》在《长江

---

① 　刘雅鸣：《坦坦荡荡二月河》，《瞭望新闻周刊》2001年第52期。

二月河文、梅逢春画《康熙大帝》封面

文艺》第7期发表。

8月17日 二月河的《随缘读书做学问》发表在《人民日报》。后被其他期刊转载,如《教师博览》2000年第12期、《科技文萃》2022年第1期、《阅读与作文(高中版)》2004年第C2期、《秘书工作》2012年第1期。

8月 《史学集刊》第3期发表了韦庆远的《论雍正其人》。作者认为:"历史小说终究不同于历史科学著作,对一些角色和情节的文学描写肯定是应该允许的,但它不应该损害到主要历史人物的真实形象和重大历史事件的本来面貌。""在二月河先生撰著有关康熙、雍正、乾隆的所谓'历史小说'中,这几位皇帝有时被描写成超越时空，在政治和人品道德上近于完美无缺，是人而似神的人物；但有时又被写成近似'色魔'的恶棍，连续虚构出一些秽猥的色情描述，用以迎合某些读者的不正常心理追求，便于商业炒作。可以完全不顾史实，将一些具有真名实姓实际存在过的人物移前挪后，贬低拔高，经过粉饰之后派充为上述皇帝的重要配角，甚至具有非同寻常的关系。……这样的胡乱编造通过小说传播开来，只能制造出重大的混乱，不论按史学或文学的标准，都是不允许的。""在二月河先生已出版的几部所谓'历史小说'中，在重大史实问题上错误甚多，可说'遍体鳞伤'。"

8月 《浙江大学学报（人文社会科学版）》第4期发表了陈建新的《历史题材小说的道德抉择》。文章指出："二月河对雍正的艺术塑造，可能是近二十年来对一位著名的历史人物进行的最大胆的翻案。而这位作家的这一翻案，也是历史判断与道德判断并进。""后道德政治化时期的历史题材小说的创作，以《少年天子》《雍正皇帝》和《曾国藩》为代表，这些作品跳出了道德与政治紧密相连的藩篱，着重从文化的角度观照写作对象，尤其在描写封建帝王将相等政治人物时，以人为本，以广阔的社会文化为背景，展开立体的描写，从而展现了一种全新的文学气象。""二月河、唐浩明等作家之所以能够把道德评价与政治评价分离开来，以道德判断加强历史判断的说服力，正是得益于后道德政治化时期宽松的创作环境和文学艺术界写作视野的不断拓展。"

9 月 30 日　《中华读书报》发表了雷达的《博采众长　独辟新路》。雷达说："我觉得二月河是个很敏感的人，内含悲剧气质，他在研究清史的过程中一定是被一种伟大的文明震撼，又因其无可挽回的衰落，遂感到一种悲风回雪般的美丽和苍凉，于是心摹手追，欲重现那一片绚烂无比的晚霞。"

9 月　《新乡师范高等专科学校学报》第 3 期发表了孟芳、梁兆民的《关于文学豫军的崛起及其文化背景的分析》。文章指出："以河南作家为典型，体现出我国当代长篇历史小说的三个阶段不同的文化特色，即以姚雪垠为代表的第一代、以二月河为代表的第二代、以高有鹏为代表的第三代——这种现象在文学豫军的形成和发展中出现，绝不是偶然的，而是同中原文化的特殊背景分不开的。这也具体映现出文学豫军同我国当代文学发展历程的密切关系。""二月河走出了一条自己的道路。他学习了姚雪垠治史的严谨和求真，也学习了金庸的夸张与想象，一方面考究史料，查阅了大量的历史档案、野史，糅合进长篇历史小说之中，使历史小说平民化的审美表现有了可喜的收获。"

2001 年　57 岁

7 月 1 日，庆祝中国共产党成立八十周年大会在北京人民大会堂隆重召开。江泽民全面阐述"三个代表"重要思想。

7 月 13 日，北京申奥成功。举办奥运会，是中国人的百年梦想。12 月，北京二十九届奥林匹克运动会组织委员会成立。

9 月 19 日，首都文学界人士 200 多人在中国现代文学馆参加由中国作协、中国现代文学馆、北京鲁迅博物馆联合举办的"鲁迅诞辰 120 周年纪念座谈会"。《世界之鲁迅》绘画展览同时在中国现代文学馆开展。

9 月 20 日，中共中央发出通知指出，加强社会主义思想道德建设，是发展先进文化的重要内容和中心环节。各地区、各部门一定要把公民道德建设放在突出位置来抓，认真贯彻执行《公民道德建设实施纲要》。

11 月 10 日，世界贸易组织（WTO）第四届部长级会议在卡塔尔首都多哈以全体协商一致的方式，审议并通过了中国加入世界贸易组织的决定。在中国政府代表签署中国加入世界贸易组织议定书，并向世界贸易组织秘书处递交中国加入世界贸易组织批准书 30 天后，中国将正式成为世界贸易组织成员。加入世界贸易组织，是党中央、国务院作出的重大战略决策，是改革开放进程中具有历史意义的一件大事，标志着我国对外开放进入一个新的阶段。这是我国现代化建设中具有历史意义的一件大事，必将对新世纪我国经济发展和社会进步产生重要而深远的影响。12 月 11 日，我国正式加入世界贸易组织，成为其第 143 个成员。

1 月　《瞭望新闻周刊》第 1 期发表了刘雅鸣的《等着看二月河笔下的鸦片战争》。文中写道："二月河说，他之所以选择描述那段历史，有两个原因，一是那一时期，中国社会的各个方面在原有的体系框架下达到极致，它的文化最为璀璨，因而具有代表性。二是那一时期的封建文化劣根性也表现得淋漓尽致。好比一副黄金的枷锁，以其自我完善、自我封闭的一套学说体系，给我们自身带来故步自封、夜郎自大的自我限制，拒绝一切清新的和进步的思想，从而给我们的民族带来深重的灾难。从个人素质而言，康、雍、乾三代皇帝无疑是杰出和优秀的，但他们都不能挽救清王朝最终衰败的命运。"

2 月　《二月河文集》由长江文艺出版社出版。

《二月河文集》共十三卷，包括《康熙大帝》四卷、《雍正皇帝》三卷、《乾隆皇帝》六卷。

2 月　《中外管理导报》第 2 期发表了崔冰的《看古今兴

《二月河文集》书影

衰　说天下管理——作家二月河访谈》。谈到清王朝反腐成功之

处对现代企业的启发，二月河说："我想最有价值的是'弹劾制

度'。过去的朝廷大员对封建皇帝负责，现在的'人民公仆'对

人民代表大会负责。弹劾制度是封建皇帝建立的一种具有民主

精神的制度，对一方官员包括经济官员或一个企业主可能的经

济腐败行为，可以拿到同级的人代会上弹劾。这种思路和具体

实施方法可以讨论和商榷，因为这种制度的缺陷往往会冤枉人。

清初社会的解决方法是'诬告'要'反坐'，我们也可以借重

同样的思想以补充漏洞。雍正王朝还建立了'密折制度'。'弹

劾制度'是在同级或相对于同级别官员中实行，'密折制度'相

当于下对上的举报，都是一种监督机制。还有就是高薪养廉制

度，现在很多企业领导人因为腐败落马，因为个人的薪酬还不足以养廉，薪酬应该高到冒贪污的风险将远高于个人薪酬损失时才会收敛贪污。我国市场经济中的一些企业腐败行为无疑要靠规范的制度建设和提倡讲公德来解决，靠人治只能见一时成效。所以清王朝的这个东西可否拿到今天来做参考，值得三思。"

3月　《中国税务》第3期发表了杨克文、勇雪莹的《理财治税振百年颓风　新政改革造太平盛世——"帝王作家"二月河纵论雍正财税改革》。文中指出："以史学家的深邃识见和文学家的犀利笔锋让三代帝王熠熠生辉的二月河，是国内极少数涉足研究古代税制的作家之一。""憨厚微笑的二月河坦然直言：历史上的雍正是一个很有作为的改革家，他的形象被扭曲、被丑化，当时的民间口碑起了很大作用。雍正即位后厉行改革，推行新政，惩贪除暴，损富益贫，得罪了官吏，得罪了地主，也得罪了特权读书人。这些人有权有势有文化，手执杀伐之笔，控制舆论工具，他们记录、编撰的正史、野史，当然不会对雍正赞扬有加。而当时的普通群众没有文化，得了好处说不出来，再加上秉笔直书如董狐者的史官又凤毛麟角、寥若晨星，下层百姓对雍正的感激之情和赞美之意就无从表达和流传。这样，久而久之，以讹传讹，雍正的暴君形象近三百年来传之于市井乡陌，流毒于平民百姓。至于说雍正勤于政事，有大量的事实可以佐证。在13年的时间里，雍正除接见大臣、处理政务外，还留下了千余万言的朱批御旨、政务笔记，连秦皇汉武、唐宗宋祖也稍逊风骚。如果雍正没有夙兴夜寐、朝乾夕惕、事必躬亲的勤政精神，绝不可能做到这一点。正确评价历史人物，除必须具有史学家的才、学、识、德外，还要坚持唯物辩证法和阶级分析法，判断这个人物的作为在当时的条件下是推动了还是阻碍了历史的发展，评价雍正当然也不例外。""一是雍正推进新政，决心大，力度强，方法对，敢于从最亲近的人身上开刀，遇事考虑周详，实施步骤稳健，不怕难，不怕慢，也不怕麻烦，不达目的决不罢休。这种坚毅决心、这种强大力度、这种有效方法值得我们学习、效仿。二是雍正推行新政，不是从最广大的赤贫或穷人身上打主意，而是把目光盯住地主富户，盯住贪官污吏，想方设法对这些人进行适度剥夺；不是从增加老百姓的总体负担的视角考虑，而是通过严密税收征管制度，把国家应该拿到的部分坚决拿到手。这种思维方式值得我们深思、参考。"

3 月　《当代作家评论》第 2 期发表了张书恒的《背离与固守——二月河综论》。这是关于历史小说作家二月河及其系列长篇历史小说"帝王系列"的专题研究。文章认为，二月河是一位深受传统文化影响的作家，在对传统与现代的态度上，二月河向前者倾斜。正是由于这一点，二月河在其"帝王系列"中，从多个侧面表现了他对中国几千年传统文化的认知和他开放的历史观。这首先表现在对康、雍、乾 130 多年历史的认识上，二月河"帝王系列"放弃了长期以来所谓的民族"正统论"观念，对康、雍、乾 130 多年的"盛世"进行了较为客观的描绘和刻画。而在封建官场人与人之间关系的表现上，作者则从批判的目的出发，从封建传统文化的深处揭示了封建社会官场的腐败和险恶；在人物形象的塑造上，作者对封建社会人际关系间的钩心斗角行为的揭露，也显示出了作者与传统文化之间的渊源关系。而在最能表现作品清初时代历史风貌方面，作者则充分运用自己多方面的知识储备，在环境、语言、历史知识等多个方面刻意为作品营造出浓郁的清代历史氛围，从而使作品的思想内涵具有较大的包容性。

5月　二月河的《我和我的编辑》在《出版科学》第2期发表。

5月　《河南大学学报（社会科学版）》第3期发表了张书恒、许宛春的《诗与历史的困惑与选择——论二月河"帝王系列"的审美特征》。文章认为，在对待历史的真实与艺术的真实的矛盾时，二月河"帝王系列"主要以历史的真实为基础，并充分发挥自己的艺术建构力和想象力，使作品在整体上达到艺术的真实。在审美特征上，二月河的"帝王系列"呈现出大雅若俗、雅俗共赏的特征。纯历史小说对待历史的严肃性与新历史小说对待历史的自我建构性是二月河"帝王系列"两大审美特征。真正显示二月河"帝王系列"个性特色的，是小说中所体现的通俗性，即二月河的平民情结。二月河"帝王系列"是20世纪80年代中期以来雅俗合流创作倾向的鲜明体现，而在创作观念上，则得益于作者的世俗情怀。

6月　二月河任河南省文联副主席、南阳市文联副主席。

8月24日　《中国艺术报》第3版发表了冉茂金、喻静的访谈文章《文学和影视：双赢的可能性之一——六位作家对一份问卷的回答》。二月河在接受访谈时说："我对电视剧《雍正王朝》是有一些看法的。普通观众和我的视角观感是不会一样的。主要的问题是，它把一个立体的社会小说改成雍正个人的一个传记。再一个就是把雍正这个在历史上有功有过的人物塑造成圣人，报喜不报忧，光说功，极少说过，这个雍正实际上是很刻薄的。雍正改革，对国计民生，对推动历史的发展有贡献。而电视剧简直就是把所有的缺点都删掉了，把雍正变成一个完美的人。""影视剧的改编我觉得应该坚持两个原则，一个是观照到忠于原作者、忠于原作；另一方面要观照到观众的欣赏能力和欣赏层次。这两方面做得很完美的电视剧我几乎没见过。但正是因为其难做到，所以才是影视界应该追求的一个目标。从艺术原则上讲，电视剧一个要讲究艺术的真实性，如果是历史剧的话，同时也要观照到历史的真实性。比如《雍正皇帝》这部书，在拍电视剧之前，已经被广大读者认可了，看完电视剧以后，却感觉到失望。而很多人都感觉到很满意，认为拍得很好，很抓人，从视觉艺术这个角度上说，它是相当成功的。但是，大部分失望的人都是读过原著的人。他就感觉到一些视觉上或心理上的差异，故有失落感，更为挑剔。根据文学作品改编的影视剧是永远无法与原著重合的，只能接近原著的高度。如果原作不好，那另当别论，如果原作是好的，而电视剧拍出来仍旧使观众不欣赏，那就应该从电视剧艺术本身这个角度上去审视一下。""应当允许各种文学题材各自按照自己的规律去发展去活动。我感觉到文学的悲哀不在于是电视剧对它的冲击，即便有点冲击，也不是很厉害。关键在于写得出写不出好作品。不但对于文学是这样，对电视剧及其他艺术门类也是一样的问题。只有按照文学创作的基本准则，去精心创作，才有可能获得广泛的欢迎。不管观众口味怎么变，只要用心创作出精品，就有人喜欢。"

9月 《河南师范大学学报（哲学社会科学版）》第5期发表了张喜田的《性别话语下的历史叙述——凌力、二月河历史小说创作比较》。文章认为，凌力与二月河的历史小说均为表现清代帝王生活，但由于性别不同，他们的关注点不同：一个重点表现宫廷生活，一个重点表现朝廷斗争；一个把女性作为帝王之师，一个把传统的士大夫作为帝王之师。但他们均具有中华民族的观念，批判了狭隘的民族主义思想，肯定了以"仁"治国的作用。历史小说创作需要熟悉历史，要有小说家的写作技巧，更需要有在广阔的社会阅历和深刻的人生感悟中形成的对史实的判断，以及对历史的总体把握与深层理解，也就是史识。两位作家均有见解独到而精湛的历史观，重点表现在中华民族观与"仁爱"思想上。

9月 《新余高专学报》第3期发表了姚鑫隆、秦著红的《继承·改造·革新·超越——评二月河的历史小说创作》。文章认为，二月河运用"五四"新文学和西方文学的经验，对传统历史小说从文学观念、小说结构、文学表现手法、叙事语言等方面进行了一系列的改造和革新，使新、旧文学完美融合。二月河吃透了"历史小说"这一文类的特性。这包括戏剧性强烈的故事情节，严谨的章回体小说形式，熔历史、人情、侠义、公案于一炉的传统历史演义写法，等等，二月河在成功地继承这一特点的同时，巧妙地引进"五四"新文学和西方近代文学的艺术手段，完成了对传统历史小说的改造、革新和超越。

10 月 《东岳论丛》第 5 期发表了管宁的《人性视域：历史小说美学新质的开启》。文章认为，这一时期的历史小说创作中，便表现出审美着眼点的移变上。作家不但将目光投向在既往的历史视野和观念中被视为体现着人性负面因素的反面人物，而且对这些人物身上存在的人性的正面因素也给予充分的表现，同时对身处复杂历史情况中的历史人物之人性形态的表现亦有新的突破，从而使历史小说在人性描写上具有更为丰富的内容和更为恒久的审美价值。针对二月河的"帝王系列小说"，文章指出，《康熙大帝》《雍正皇帝》《乾隆皇帝》等"帝王系列小说"，均对风云际会、波诡云谲的历史烟尘中的人物进行深入的人性描画和开掘，为新时期小说的人性绘写提供了一幅色彩斑斓、摇曳多姿的艺术画卷。作为同是描写帝王的小说，二月河的清帝系列"落霞三部曲"——《康熙大帝》《雍正皇帝》和《乾隆皇帝》，以更为宏大的规模、更加多彩的笔墨展示了特定历史情境中的人性形态。

11 月 3 日 南阳市红楼梦研究会召开了第五届年会，有 39 位专家学者及有关人士到会。南阳市文联主席王遂河和南阳市红楼梦研究会会长、著名作家二月河在会上先后致辞。"在年会上，二月河的致辞十分动情，他谈到不久前到北京与多年来一直支持他写作的冯其庸先生、李希凡先生以及张庆善先生见面的情景，并在北京大学作了精彩的演讲，当时场面十分热烈。二月河明确地表示，虽然现在他的主要精力仍放在创作上，但最后仍归'红门'，他决不会放弃对《红楼梦》的研究。二月河在会上还对南阳市红楼梦研究会提出了具体要求，他希望南阳市红楼梦研究会的同志要虚心向全国其他省市红学会学习。要多读书，不只是读原著，也要多写文章，扎扎实实地搞点研究。他风趣地说：'不可只限于一年一次年会，大家吃一顿饭，坐一阵子，回去一年就没事，要通过活动和深入的研究，推动南阳市的红学事业发展。'"①

12月 《瞭望新闻周刊》第 52 期发表了刘雅鸣的访谈文章《坦坦荡荡二月河》。"自小养成了良好读书习惯的二月河，先是看遍了父亲的藏书。即使是在他长达 10 年的工程兵生涯中，也都有意识地找来各种各样的书读，然后再裁开包水泥的牛皮纸袋做卡片摘抄典籍资料。而他最爱逛的地方，除了书店，便是古寺破庙，为的是去找寻那些残垣断壁上的碑文石刻。""谈起自己的读书心得，二月河说：'读书，是一个骄傲—谦虚—再骄傲—再谦虚的演变过程。读了几本书，就感觉骄傲得不得了。这么好的书，我读到了，你们没读到。再读书，就感觉

---

① 薛侃：《南阳市〈红楼梦〉研究会召开第五届年会》，《红楼梦学刊》2002 年第 1 期。

自己太浅、太陋。再读，就感觉又有点雄心壮志，再读一段又感觉自卑了。就在那儿反复，我不知道反复了多少回，这会儿回归到一种无所谓的态度，一种自然状态，不是专门去研究什么问题。我感觉是一种境界，能拿得起，放得下，能读进去，也能跳出来。'""曾经有一位台湾出版社的老板打电话关切地询问二月河在干什么，他回答说：'我正在忘记。'他作了这样一个比喻，如多级火箭式的推进，为了保持原动力，必须在一定时候甩掉一节，重新补充燃料，组织结构，然后再发射。甩掉就是一种忘记。二月河坦言，随着一部部小说的出版，他现在写起来越来越难，一是因为已有的那些东西，二是总有人经常地提醒他，你是二月河，是名作家了。此外，随着名声，二月河的社会活动也陡然大增，采访、来访、电话、签名、开会等等应酬不断。这边刚坐下来展开纸，那边敲门声已经响起。""面对严厉的读者，二月河说他必须找到这样一种心态，如临深渊，如履薄冰。'我不想务外，只想老老实实做个写书的人。'"

是年 电视剧《康熙王朝》首播。

该剧由陈家林、刘大印执导，朱苏进、胡建新联合编剧。它是在二月河的小说《康熙大帝》的基础上改编的，其背景故事是清朝世祖顺治帝的末年和圣祖康熙帝在位时的事迹。电视剧从顺治皇帝哀痛爱妃董鄂妃病故时讲起，直至康熙在位六十一年驾崩而止。第一次以正剧的角度浓墨重彩地刻画了清朝初期康熙皇帝充满传奇的一生。四十六集的《康熙王朝》在大陆开播前，它的五十集版本已在台湾和香港播出，均取得了相当高的收视纪录。在大陆，《康熙王朝》的收视率达到了13%，全面超过了《雍正王朝》和《大宅门》的收视率。"与二月河相比，我们感到朱苏进有如下的进步。一是朱苏进的戏说味更浓。虽然《康熙王朝》被认为是一部正剧，但是，究其本质而言，它更是一个信口开河甚至比小说原著更厉害的戏说之作……二是朱苏进的戏剧性更强。在戏说的前提下，朱苏进把二月河小说中可以为他利用的成分，统统编织成因果关系，甚至对他认为不满意的元素，删繁就简，重新构造了故事……三是朱苏进的思辨性更烈。通观电视剧，可以说不仅在情节上朱苏进没有沿用二月河的原著，就是在语言上，更是没有引用一句原著的话……"①

针对自己的作品改编成电视剧，二月河曾说："电视剧是另一种艺术，不要拿小说和电视剧比。《雍正王朝》，我给打了59.5分，如果四舍五入及格，如果严格一点就不及格，他们都说我苛刻，评价太低。但是我问他们，哪一个电视剧我说及格了，没有。所以《雍正王朝》相对来说，还是比其他电视剧要好。后来有制片找我推荐编剧，我还是推荐《雍正王朝》的编剧。59.5分，我的最高分。《康熙》那个电视剧，我八个字，一个字都不多说，'无话可说，不说什么'。"② "当提及《康熙王朝》电视剧与原著比，改动甚大，问作何评价时，二月河说，自己

---

① 葛维屏：《深层透视〈康熙王朝〉——简析朱苏进与二月河的较量》，《当代电视》2002年第3期。

② 王巧玲：《二月河：我从不含沙射影》，《新世纪周刊》2007年第24期。

被改编成电视剧的小说，犹如自己的女儿要出嫁，任人打扮，徒叹奈何？他表示，无论如何，还是要硬着头皮看，但看的方式会选择和以往看《雍正王朝》时一样，只看开头和结尾，中间部分不看也明白大致意思了。"①"问及他对刚刚热播的《康熙王朝》电视剧的评介，二月说：自己对改编电视剧的原则，首先是不参与。电视剧作为另一门艺术，应允许有充分的自由发挥空间。它理当尊重原著，如不尊重也没什么，因为作家对自己的作品有信心，读者和观众也自有评说。如果不成功，还会有人改编，《悲惨世界》就改编了 20 多次，这不是拿自己作品与《悲惨世界》类比，只是希望改编一次成功。其次是电视剧好坏应由观众定评。作为原著作者，可能是挑剔一些，本人有这个权利和义务，站在特殊角度审视也正常。相信自己在艺术等各方面还是通情达理的。困难在于，改编就好像自己的女儿要出嫁，任由别人打扮，徒叹奈何？但痛苦总会有的。电视剧好了是改编得好，不好也自有公道。一句话说明白了，不指望电视剧为自己扬名。"②

作为二月河的挚友，南阳作家周同宾撰《小说二月河》。作者写道，二月河走红文坛，他的书一直畅销。凡有井水处，都读二月河。但未必都读懂了。二月河内心深处是孤独的、寂寞的，虽然他常常笑着，他头上闪耀着熠熠光芒。并为二月河作

　　① 刘洁：《打造〈康熙王朝〉的大热门作家》，《健康天地》2002 年第 3 期。
　　② 王建新、李来征：《一条大河波浪宽——再访著名作家、优秀转业军官二月河》，《中国民兵》2002 年第 2 期。

了一首七言诗：心通幽微凌解放，笔走龙蛇二月河。图写落霞成锦绣，谁知心上泪滂沱？

2002 年　58 岁

　　11 月 8—14 日，中国共产党第十六次全国代表大会召开。大会通过的报告《全面建设小康社会，开创中国特色社会主义事业新局面》，总结过去 5 年的工作和 13 年的基本经验，提出全面建设小康社会的奋斗目标，阐述全面贯彻"三个代表"重要思想的根本要求。报告指出，综观全局，21 世纪头 20 年，对我国来说，是一个必须紧紧抓住并且可以大有作为的重要战略机遇期，我们要在本世纪头 20 年，集中力量，全面建设惠及十几亿人口的更高水平的小康社会。报告阐明，贯彻"三个代表"重要思想，关键在坚持与时俱进，核心在坚持党的先进性，本质在坚持执政为民。报告强调，发展社会主义民主政治，最根本的是要把坚持党的领导、人民当家作主和依法治国有机统一起来。大会通过关于《中国共产党章程（修正案）》的决议，把"三个代表"重要思想同马克思列宁主义、毛泽东思想、邓小平理论一道确立为党的指导思想并载入党章。

1月　《大江周刊》第1期发表了韩伟涛的《编排康熙的二月河》。文章说："先生自小居于黄河边，对黄河别有一份眷恋之情。因此他就将自己的三部书比作黄河：《康熙大帝》如冲波逆折的上游，'以传奇风格构思小说的正当矛盾冲突'；《雍正皇帝》如九曲十八弯的中游，'斗争有戏，过瘾'；《乾隆皇帝》如一漫平川的下游，'从社会人文角度思索更多一点，长河到了下游，江面宽阔，波澜不惊，但旋涡都在水下'。到了乾隆末季，看起来依旧壮阔，但江河日下之势已是一览无余了。"

1月　二月河原著，子晓据朱苏进、胡建新电视文学本缩写《康熙帝国》在《职业技术教育》第2期发表。

2月　《中国民兵》第2期发表了王建新、李来征的《一条大河波浪宽——再访著名作家、优秀转业军官二月河》。文章写道："说到中央电视台刚刚播出的电视连续剧《康熙王朝》关于清代用武力收复台湾的情节，二月河首先介绍道：他原著的小说《康熙大帝》在台湾已多次重版也都很快销售一空。……根据二月河的小说《康熙大帝》改编的电视剧在台湾播出时，更是火爆，成为不少家庭'排除万难'争相观看的'排行榜首节目'。面对这种盛况，二月河感叹：这是'一条大河波浪宽，风吹稻花香两岸'。""二月河认为，历史上所有的大统一都带来了大发展，大发展同时又促进了大统一。所以在他的帝王系列创作中，就始终贯穿了一种大统一思想。有人评价二月河的'落霞三部曲'是历史正剧，他自己评价说，小说虽多有创作，但首先得尊重历史，历史上台湾的命运始终与大陆的兴衰荣辱紧密地联系在一起。历史既启迪现实，又昭示未来，祖国大陆永远是台湾命运的归宿。"

4月10日　《中国文化报》第1版发表了梁桦的《"二"先生的本色》。文章写道："'皇帝系列'出名后，他的笔名二月河便名震天下，本名凌解放便被一些有关他知识稍少的同志不知，二月河便纵行天下，以至于有些人当面或是写信尊称他为'二'先生。'二'先生此时总是不点破，笑眯眯地接受。""既是'皇帝'作家，多少有些皇帝的头脑和谋略，对生活也有相当老到和超脱的看法。他自己写书做人的原则是：'写书时，天下第一，因为我写的是帝王将相，须有凌驾一切的气魄；生活中，夹着尾巴做人，也就是要谦虚谨慎。'在他的会客室内，居中而挂这样一幅条幅：'无才可去补苍天，枉入红尘若许年，此系身前身后事，倩谁记去作奇传。'这首显示主人处世哲学的诗录自《红楼梦》，而《红楼梦》是他的最爱，他也是靠研究《红楼梦》最先崭露头角的。在他的书中，他较多写君子的'慎独'，称它为一种做人的境界。而先生本人即慎独的典型：不张扬、不骄傲，老老实实做人，实实在在做事，因此，才有了作者的今日成就。"

4月26日　《新华每日电讯》第7版发表了新华社记者杜宇的访谈文章《二月河：我想静静地流淌》。文中说："他的成名作再现了历史长河中波澜壮阔的一页，他的生活从此戴上了灿烂夺目的光环，而他却说：我只想静下来，体会写作的快乐。""二月河不同意把他的'落霞'三部曲定义为'帝王'系列。他认为其作品不是在写帝王本身，而是反映那个时代的政治、经济、文化等多方面的。对于说他是'用壮丽笔法写厚黑故事'的说法，二月河说：'中华民族的历史传统用'壮丽'两个字也是恰如其分的。'""说起别人的赞扬和批评，二月河给人的感觉都是一种很洒脱很平和的语气。尤其是谈到当今文坛的种种现象，二月河淡淡地说：'文学创作者离文坛越远越好。不要总觉得自己是个作家，要有平常人的心态。'因此，被光环笼罩的二月河在家中始终是一个做饭的好手，并能以此为乐。""他谈到自己对读者的期望时，语气中却蕴含着一种浓厚的情感，他一字一句地说：'我有两点期望。一是大家不要对我期望太高。对任何一个创作是这样，对人也是这样。世界上没有不落的太阳。我总有一天会写不动，或者读者感到厌烦的时候，就应该赶快停住笔。二是希望社会上的干扰少一点。不管我是几点钟的太阳，我觉得自己还能再做点事，我希望保持良好的心态。'"

5月 二月河的《与日本朋友谈棋》在《中州审计》第5期发表。

6月 《涪陵师范学院学报》第3期发表了刘克的《全球化语境下文学发展的理性：二月河给予我们的启示》。该文认为，近几年人们对二月河清帝系列小说《康熙大帝》《雍正皇帝》《乾隆皇帝》的创作之所以给予普遍的认可，就是因为作者持守了地域化特色，淡化了雅俗二元对立格局，定位于平民的叙事立场，用传统通俗小说的艺术手法（主要是借鉴《红楼梦》

的写法）解读了康、雍、乾百年历史的缘故。在全球化语境下对待我们深厚博大的文化，不能仅从物质经济角度考虑，而要去粗取精，构建出与不同文化对话的平台，借鉴和吸收外来文化中的先进成分，与时俱进，科学创新，保护地域文化中的差异性。

7月 《南都学坛（人文社会科学学报）》第4期发表了刘克的《地域性语境下的全球化创作——二月河持守地域性创作对于文学发展的意义》。文章认为，二月河历史小说的地域性语境是一种建立在楚宛与河东风土文化背景上，运用其独特的运思视角和艺术手法来反映社会风尚、风土人情，描绘人物、情节和环境，具有鲜明地方特色的小说叙述话语。这是地域文化在小说艺术上的投射和呈现。二月河的写作将文学的审美内涵与文化内涵结合起来，构建了一种与世界对话的文化诗学范式，让传统在构建中传承下来。其艺术经验的独特意义，当对我们有所启发。

7月 二月河的《散文五题》在《中国作家》第7期发表。

7月 《文学评论》第4期发表了吴秀明的《当代历史小说中的明清叙事》。吴秀明比较了二月河、唐浩明和凌力的明清历史小说，认为他们的叙事在一定意义上表现出相似性，反映了知识分子以史为鉴、重塑中国未来形象的殷殷之情。具体到文本实践，主要表现是：第一，追求在历史还原基础上的历史重诠和审美转换；第二，在注重发掘传统文化资源的同时，突出对封建权力机制和权力角逐的批判与描写；第三，较为自觉地将笔下历史纳入世界整体格局进行观照，重视对其中中西文化内涵的阐发。特别指出，二月河追求艺术描写的历史性、质定性和整体性，尽可能地复现历史原貌。二月河更为主要的还是在于在寻求史、诗结合的同时，特别进行了通俗化写作的探索，为历史叙事的雅俗共赏进行了卓有成效的成功尝试。如采用章回体形式，评书口吻表述，熔历史、情爱、武侠、推理等小说因素于一炉等。因而故事情节波澜迭起、环环相扣而又层次分明、脉络清楚。传统的历史小说到底如何进行审美转换，寻找既合乎小说艺术又契合市场规律及读者需求的新的历史还原的叙述方式，最大限度地发挥娱乐消遣功能，处理雅俗之间的关系，二月河的创作对我们无疑是很有启迪的。

8 月 《福建论坛（人文社会科学版）》第 4 期发表了吴秀明的《世纪交替的历史关注与现代性求索——论新时期历史题材小说思想艺术发展的基本轨迹》。文章指出，20 世纪 90 年代有那么多的作家置身历史题材小说领域，且文本中的民族内涵得到如此鲜明的凸显，以至于成为左右现代性的主导精神力量。特别是传统型的历史小说文体更是如此，对传统文化认同与批判兼得、以认同为主，已成为普遍的主题模式；历史温情迅速弥漫开来，民族传统文化显示出了前所未有的迷人色彩。早先被批判的帝王将相、名流重臣，普遍被作者"翻案"为戡乱治世的英杰人物和忠勇仁义的传统文化的代表。吴秀明重点把二月河、凌力的历史小说作为案例，指出凌力、二月河将他们的超长篇、巨构性的作品命名为"百年辉煌"和"落霞系列"，显示了强烈的民族自尊与对文化重建的期盼。二月河的"落霞系列"在史诗体式的大众化、通俗化方面进行了成功的尝试，采用章回体形式，评书口吻表达，熔历史、情爱、武侠、推理等因素于一炉。

9月25日 《中华读书报》发表了舒晋瑜的《专业作家：作品优劣与体制无关》。文章介绍，二月河称："想'躲'出去写作。""以写清史著称的二月河近来常常感到心有余而力不足。他有很多雄心壮志，但是操作起来却困难。因为社会活动太多，他的创作受到各方面干扰。有一些事能回避就尽可能回避，但毕竟还是有一些不可回避。曾经想'躲'出去写作，遗憾的是自己身体不太好，而他的写作所需的大量资料，也不适于外出。他幽默地说：'这不是背上一两本书就可以离开，如果要背，要把图书馆背上才行。'创作需要时间、精力、心情，心理环境对自己的创作至关重要。心情好时可能创作出欢天喜地的作品，心情不好可能创作出的作品就很悲怆。""闲暇时，二月河看些历史、小说、散文、诗歌。不管别人对金庸的评价怎样，他始终喜欢看金庸的书，梁羽生的也看，包括台湾的一些评论他也看。对于批评自己的文章，二月河尤其愿意看，他说：'有些文章对我的批评很尖锐，看看笑笑乐乐，我感到这些人是很可敬的，坦诚直率，很可爱。一个人不能老听好话，刺痛你的地方是刺激，我感到精神上的快乐。就像下棋一样，将你一军，你会不会很痛苦呢？这也是快乐，另外一种味道的快乐。一是说明他认真看了我的书，二是不但认真看了书，还认真研究了历史——这是真正的读书人才能写出来的文章。我不是圣人。'"

"对于自由创作和专业创作，二月河觉得各有利弊。自由创作直接面向市场，有竞争，不努力就会关系'饭碗'问题；专业作家则有安全感。创作需要平和的心境，专业作家的心理状态会好得多。"

10 月　《学习与探索》第 5 期发表了黄发有的《世纪之交中国文学的历史迷惘》。文章认为，历史小说对帝王题材的沉溺，尤其是二月河以明清章回小说的形式书写"帝王行止、宫廷秘闻"的作品，迎合了读者的窥隐心理。作家对于权力角逐的残酷性的渲染，更是一种巧妙的商业策略。另外，对历史进行重新解释的"翻案"冲动，更使历史小说与新历史小说殊途同归。二月河笔下的历史是"眼睛的历史"，是"看的历史"。

11 月 5 日　《希望月报》发表了陈鲁民的《力气·才气·运气》。文章写道："著名作家二月河在回答记者关于'成功的秘诀'时说：'我没什么才气，但运气还算不错，我写小说基本上是个力气活，不信你试试，一天写上十几个小时，一写二十年，怎么着也得弄点东西出来。'说没才气，那显然是自谦，说运气好，也不为过，说舍得下力气，则最恰如其分。二月河的'成功秘诀'，其实一点也不秘密，可以说是个普遍规律，一般来说，一个人要事业成功，就需要凭借力气、才气和运气，这'三气'缺一不可。"

11 月 8—14 日　二月河作为党的十六大代表参加中国共产

党第十六次全国代表大会。

11 月　由于二月河对集邮的关心和对集邮宣传的突出成绩，南阳市邮协向他颁发了"特殊贡献奖"。

12 月下旬　二月河与著名红学专家冯其庸先生同行，走出国门到马来西亚。为迎接二月河的到来，马来西亚有关方面专门举办了一场名为"二月河·三月天"的文学讲座，并从香港调来他的作品集，充实到早已脱销的华文书店。讲座听者云集，足有两千多人。二月河在讲座上谈了创作历程和感受。原定二十五分钟的为读者签名活动持续了四十五分钟，二月河满足了所有到场听众的要求。

12 月　《湖北大学成人教育学院学报》第 6 期发表了涂珍兰的《浅析〈雍正皇帝〉中道德倾向与平民化倾向》。文章认为，二月河笔下的雍正形象可以说是对其近二十年来最大胆的一次翻案，而二月河之所以能成功为雍正翻案，主要原因在于作者在人物塑造上采取了一种道德化的抉择方式；此外，小说在历史与现实关系的处理上体现出来的平民化创作倾向对小说创作中雅俗互融趋势有着一定的借鉴意义。二月河创作更多地关注历史的深层内涵，以及人作为一个生命实体的存在与意义，这表现在小说中非常明显的就是以作家独特的主体意识吐纳历史风云，对历史人物予以宽容的解读，偏重以一种道德价值评判去塑造人物。

12 月　二月河获得"河南省集邮先进个人"称号。

2003年　59岁

春季，我国遭遇非典型肺炎重大疫情。全党全国人民在中共中央、国务院领导下，坚持一手抓防治非典，一手抓经济建设，夺取了防治非典工作的重大胜利。

10月15—16日，神舟五号载人飞船成功升空并安全返回，首次载人航天飞行获得圆满成功，中国成为世界上第三个独立掌握载人航天技术的国家。2008年9月27日，神舟七号载人飞船实施宇航员空间出舱活动，中国成为世界上第三个独立掌握空间出舱技术的国家。

1月23日　大型历史题材电视剧《乾隆王朝》在中国大陆播出。主要剧情是，乾隆盛世，清朝前所未有地强大富庶。乾隆在京城大大嘉奖连年治旱有功的甘肃巡抚王亶望，从军报中捕捉到王亶望贪渎的蛛丝马迹。初出茅庐的和珅以其过人的大胆精明，查处了这个有清以来最大的贪案，给乾隆留下了深刻印象。太后圣寿，各地督抚争相攀比捐银，御史钱峰连参十大督抚的贪污，此事震惊乾隆。和珅主动请命，一举查出首贪也是旧友的国泰，官升军机处。乾隆南巡期间，发现反清书籍，果断惩办此事，并祭拜明朝反清义士史可法，一举征服世人。但乾隆与江南名媛黄杏儿上演的缠绵动人的爱情故事，却招致皇后不满，和珅善体圣意，体面处理了这场风波。十五阿哥永琰远征缅甸，缅王虽胜因不敢得罪天朝而请降，乾隆因此被称颂为"十全老人"。云南因战争而遭受大饥馑，乾隆广施钱粮，通力救灾，这又成了举朝上下最大的功德盛事。乾隆八十寿诞辉煌至极，但连年的大举动带来了国库的空虚。乾隆在位六十年后正式禅位，降旨普免钱粮，乾隆的一片爱民之心却给继位的永琰带来了巨大的难题。永琰借势将这个大难题推给了和珅，乾隆驾崩后，永琰罗列和珅的种种罪名，处死了和珅，这也标志着乾隆王朝结束，新的嘉庆王朝真正开始。

《乾隆王朝》是清代康、雍、乾三大英主贤君大型电视连续剧的压轴之作。如果说《康熙王朝》《雍正王朝》中有更多王霸雄图、波谲云诡的战争、政治风云的话，《乾隆王朝》更多展现的是清代盛世的千姿百态，形象生动地塑造了一大批乾隆时代的君臣名流。《乾隆王朝》延续了观众对清朝帝王剧的热度，播出后，斩获了比较高的收视率。

1月　由冯兴阁、梁桦、刘文平主编的《聚焦"皇帝作家"二月河》由广东人民出版社出版。此书分为上、中、下篇三个部分：上篇为"'文坛黑马'二月河其人其事"，中篇为"二月河与电视剧《雍正王朝》《康熙王朝》"，下篇是"二月河作品得失谈"，为读者呈现了一个详尽的、真实的、极具人情味的、生活化的二月河。书中上篇收录的阿琪的《二月河：回报读者的是玉壶冰心》指出，二月河在创作中更注重读者的阅读期待和审美体验。"二月河获得了读者如此的厚爱，然而他回报给读者的也是他的玉壶冰心。他曾坦言，作家和评论家的关系是木头和木耳的关系。在读者和专家中，他尽可能兼顾两者。如果非要认真地开罪一方，他宁可对不起专家。因为，读者始终是他心目中的上帝。他感叹道：'要让读者掏出带有自己体温的钱买你的小说，是很不容易的，要对得起他们。'"①

1月　二月河的《"与时俱进"手札》在《神州》第1期发表。

1月　《南阳师范学院学报（社会科学版）》第1期发表了徐亚东的《二月河"帝王系列"小说审美品格论》。文章认为，二月河"帝王系列"小说体现出鲜明的雅、俗融合的审美品格。其雅的品格体现在深厚的文化内涵及当代精神的开掘，而艺术表现方式、手法的一些特点及作品的可读性、知识性、趣味性则构成了通俗性品格。二月河的成功，很大程度上归功于在创作中对雅文学品格的追求，也是他自身充满的历史理性精神和学术理性精神共同作用的结果。二月河在创作之前进行了充分的历史知识储备，积蓄了充足的文化功力，在"康乾盛世"的叙事中，尤其是在三位帝王和士的形象塑造中，开掘了

---

① 冯兴阁、梁桦、刘文平主编《聚焦"皇帝作家"二月河》，广东人民出版社，2003，第98页。

儒家文化匡扶社稷、救世济民的丰富内涵。但二月河面对社会转型期的文化语境，吸收通俗文学的有益营养，在叙事中再融入雅的内容，成功实现了雅、俗融合的审美追求。

二月河的书成了河南特产。在南阳，二月河的签名作品成为贵重礼品，从官方到民间，送礼不再送土特产、玉器、烙画，而送《康熙大帝》《雍正皇帝》《乾隆皇帝》或《二月河文集》。找他签名盖章，他来者不拒，有的甚至一次拉去几十套上百套。但他提出了"签书捐款"要求：凡签三套以上者，须先到南阳市希望工程办公室捐款，凭收据签书。据南阳市希望工程办公室人员介绍，不到一年时间已募集到 5 万多元人民币。

2 月 28 日　《人民日报》（海外版）刊发了周熠的采访文章《二月河纵论历史小说创作》。1 月 26 日下午，在沙白水清的白河之滨的天井小院里，二月河接受了记者采访。二月河谈道："历史真实和艺术真实是不能如此来量化的。也是不好量化的。这二者的结合，要创作出个性鲜明的历史形象，既不是历史记录，也不能过分虚构渲染。重大事件、重要人物必须真实，人的眉眼、一颦一笑可以虚构。"二月河在追求历史情景"真实"的同时也注重生命"个体"特征的表达与塑造。

2 月　二月河的《新瓶勾兑旧酒》在《海燕》第 2 期发表。

3 月 21 日　《工人日报》刊发了赵亦冬《二月河作（做）客本报　心仪弱势群体代言人》。文中介绍，3 月 17 日，人大代表、著名作家二月河到工人日报社做客，表达了他对社会现象的看法和文学创作的体会。"二月河开门见山地说，他之所以推掉别的活动到工人日报社来，是因为工人日报社是广大职工群众的代言人。他还说，弱势群体的期盼、意愿永远是他所关注的。工人日报社能够为群众讲话，为他们争取自己的权益，一定会有人看。""二月河给大家讲了他是如何从'锅底'走上了'山峰'。二月河曾经打过坑道，挖过煤窑，劳作在社会的最底层。从23岁起就开始自学，通读了二十四史、《资治通鉴》及诸子百家的著作。古今中外的文学名著也为他的文学创作奠定了雄厚的基础。他说，他读书时从未想到要当作家，是恩师冯其庸在看过他的一篇红学论文后，认定他是一块写小说的材料。从此他便在文学创作上一发而不可收。""在谈到他的清帝系列历史小说'落霞三部曲'时，二月河显现出了在这一领域的博学和专业水准。"

3月 二月河的《将军与士兵十日谈——探索思想教育艺术的启示录》在《教育艺术》第3期发表。

5月 《中国钓鱼》第5期发表了万伯翱的《高山流水有知音——记著名作家二月河指导我写乾隆垂钓》。二月河面对作者的询问，热情回复："一份乾隆从四月初一到三十整整一个月，从早到晚、从上朝到下朝、亲耕（到先农坛）、拜祖、祭天、下朝会妃见母时候所着皇冠、服装、饰物、靴鞋都详列了出来，真是五花八门样样行头齐全。还写来了乾隆钓鱼应跟随的大员和阿哥等。……并寄回了一首七律《读伯翱兄'贺帅垂钓'等文有感》：开辟曾经造乾坤，避征曲心委竿纶。山色销尽勤躯倦，湖光洗却旧战尘。鱼跃白鲢恰堪脍，情寄周公倾酒樽。

烟波应知詹何意，天水浩漫共驰神。"

6月　《涪陵师范学院学报》第3期发表了刘克的《论二月河清帝小说的狂欢化叙事对于文学发展的意义》。文章认为，二月河清帝系列小说中的狂欢化叙事表现在以下几个方面：意识形态狂欢及审美转换，对两性禁锢和命运竭蹶的不屈抗争。其狂欢化叙事的精神内涵是建立在恶与孤独的背景之上的。二月河的创作实践说明，消费社会给历史小说创作提供了内涵丰富的表现方式、价值取向和反思资源，对于流行价值观念和普通读者欣赏习惯的关注与认可，是文学和文化符号生产者大有作为的前提，狂欢化书写在给人带来富有活力的感觉方式的同时，也昭示了我们这个转型时代文学所应追求的精神。

7月　《社会科学战线》第4期发表了吴秀明的《论90年代的历史题材小说创作》。该文对二月河的历史小说给予肯定评价，20世纪90年代的历史小说，秉持人文立场，对于带有明显写政治本质的创作原则予以拒绝和超越，最基本特征是正本清源，还原历史的本真，在二月河的《雍正皇帝》中得到了较好的体现。首先是现象还原，即对历史真实事件和真实过程的还原。最可称道的还是观念还原，既不满足于上述描写的客观现象的真实，又在思想观念上刊谬反正，超越潜在的传统因袭的伦理偏见，还原成一种深沉挚爱的人民性的层次和境界，以此对雍正的所作所为作出历史主义的美学评价。如此，它对雍正的历史还原就超出了一般的翻案，显得更真实也更深刻。

7月　《文化交流》第4期发表了薛家柱的访谈文章《"三

帝奇人"二月河》。文中说："当我们讨论写作方法时二月河认为，写历史文学作品最容易犯两个毛病：一是无一笔不考证，因而写成了枯燥的历史著作；二是捕风捉影过于相信传说而成了传奇，甚至'戏说'。二月河信奉并遵循的创作原则是：重要历史人物在重要历史事件中的作用、立场、观点必须和历史相符，但人物的心理刻画以及一笑一颦等等，就是作家创作的自由了。他再三强调：历史小说、历史电视剧，作者一定要把历史人物当作'人'看待。因为读者和观众，是来欣赏作品而不是来学历史的。如果通过历史题材的作品激发了观众对历史的兴趣，引起对社会、人生的思考，那就足够了。"

8月8日 二月河的长篇历史小说《乾隆皇帝》获得"姚雪垠长篇历史小说奖"。"据该奖评委会主任委员、中国作家协会名誉副主席张锲介绍，该奖的评奖原则是，力求以历史科学与小说艺术的有机结合为基准，要求获奖作品具备深刻的思想性、严肃的历史性和高超的艺术性。该奖每4年评选一届，每届限评2至3部获奖作品。由于此次评奖范围为新时期以来至2000年6月出版的长篇历史小说，时间跨度较大，好作品众多，故突破了限额，评出5部获奖作品。该奖项由中国作家协会中华文学基金会和中国青年出版社共同主办。首届颁奖典礼将于今秋举行。"①

8月15日 《浙江日报》刊发记者竺大文、刘慧的《二月

---

① 梁若冰：《首届"姚雪垠长篇历史小说奖"揭晓》，《光明日报》2003年8月9日第5版。

河破冰而出的传奇》。文中介绍，二月河因为历史人物胡雪岩的创作剧本的最终定稿来到杭州。8月12日下午，在下榻的宾馆，二月河接受了《浙江日报》的独家采访。对于为什么选择清朝这段历史而没有选择同样波澜壮阔的春秋战国，二月河回答道："这段历史确实我也很感兴趣。可是已经有《东周列国志》在那里了。这本书当然也有缺点，它只写当时的政治事件，经济方面很少涉及。还有一个，时间离得太远，许多东西不好处理。比如人物的语言，说什么话好呢？二桃杀三士，为了一个桃子死了3个人，现在的读者都很难理解了。鲁迅写过《故事新编》，不是严格意义上的历史小说。"对于小说用章回体的写法，二月河说："其实我的书里也有西方文学的影响。比如，我用倒装的句子，传统小说里没有的。但总的来说，因为我的小说写的是传统文化的事，如果形式上太现代，会很古怪。"对于小说改编成了电视剧，二月河说："对《康熙王朝》我不加评论。《雍正皇帝》我曾经打过一个59.5分。"记者追问："差一点就没及格，主要是什么地方不满意？"二月河说："关键是雍正这个人物。雍正是很勤政的，但这个人物并不可爱，他刻薄寡恩，缺乏趣味，手腕很厉害，谁愿意交这么个朋友呢？我写雍正的时候，理性和感性上有矛盾。电视剧没有拍出这一点，这是从创作上说。从影响上说，电视剧超过我小说一百倍。"

8月　二月河的《我和女生》在《中学生阅读（高中版）》第8期发表。

8月　《郑州大学学报（哲学社会科学版）》第4期刊发

了田小枫的文章《千古文人名士梦——论二月河小说的名士情怀》。文章认为，二月河的小说表达了对于中国传统文化的思考。二月河帝王系列小说塑造了三种类型的名士形象：布衣系列、王室系列和臣相系列。与《红楼梦》所塑造的名士形象相比，二月河小说具有三个显著特点，即致力于打造真名士，写出名教与自然的统一，注重展示人物外在的名士风采。二月河的小说继承传统文艺、传统小说名士的美学思想，并在新时期以新形态将其充分表现出来，我们从中得到的不仅是对古代小说美学的认识，应该还有文化精神的更多启迪。

9月 《中国新闻周刊》第 34 期刊载了马芳芳、丁尘馨的《专访二月河："我为什么歌颂康熙雍正乾隆"》。文中介绍，对于《陨雨》的写作，二月河说："这得根据身体状况。第二次鸦片战争时期是中国的东方文化和西方文化碰撞的时期，中国文化被碰得粉碎，很悲壮，就像撞击之后天上落下的陨石雨，所以我想用《陨雨》这个名字。当初设计的规模，绝不亚于《康熙》《乾隆》，可这需要我有创作《康熙》《雍正》之前的那种身体状况。"对于把二月河、高阳、唐浩明并称为"三大历史小说专业户"，二月河表示："我十分敬佩高阳先生。他的优点是：贵族气息浓厚，文笔从容。他的笔法非常柔和，看完之后，心里有一种舒展的感觉。缺点是：稍微啰唆一些。唐浩明写书是非常严谨的，对历史资料掌握得可以说是很准确的。他的书几乎可以当作正史来看。但缺点是：人物刻画不够好，例如《曾国藩》人物的把握不是太好。而我自己从严谨的角度，不如唐浩明，行笔从容上不如高阳。但是情节和个性化的语言表述有我独特的地方。"对于有人提出，他的小说描写帝王运用"权谋文化"创造历史，二月河说："在我的历史观里，'英雄和人民共同创造历史'。这里指的是英雄人物，并不是帝王。有的帝王也很差，我指的是杰出的帝王。我为什么要歌颂康熙、雍正、乾隆，因为他们对于当时民族国家的团结作出过贡献。任何一个人，不管他是什么出身，只要在这方面作出贡献，地主也好、帝王将相也好、农民也好，我就是歌颂。"

9月 《江汉论坛》第9期发表了刘克的《论"二月河现象"的文化意识》。文章认为，对二月河清帝系列小说《康熙大帝》《雍正皇帝》《乾隆皇帝》创作之所以给予普遍认可，就是因为作者顽强地持守了传统文化特色，体现着主流文化的强烈介入和传统文化的制约。二月河现象业已说明，它的底蕴带有流行文化色彩，凭借自成特色的平民化写作成为时下文坛的一个亮丽卖点。

9月 《青海社会科学》第5期发表了刘克的《误读的小说和小说的误读——二月河清帝系列小说的历史叙事化用传统文化资源的经验和教训》。文章认为，二月河的清帝系列小说一改以前历史小说怀抱强烈的政治激情对传统文化中的一些君权独裁、扼杀人性等内容进行严厉批判的做法，按照史传传统的法则在朝代兴亡、文化人格、人性冲突等历史纵深处开掘警世的思想内涵，使作品显示出一种耐人寻味的深沉意蕴。二月河借助小说进行教化劝诫的迫切性、清帝系列小说题材的特殊性和古典小说技法的局限性，促成了清帝系列小说文本对古典文学的误读和清帝系列小说中戏说现象的出现。

11 月　二月河的《马来西亚纪行手札》在《中国作家》第 11 期发表。

11 月　《湖北大学学报（哲学社会科学）》第 6 期发表了刘克的《通俗是一种美的艺术境界——论地域文化对二月河历史小说文思的影响》。文章认为，二月河历史小说的地域性语境是一种建立在楚宛与河东风土文化背景上，运用其独特的运思视角和艺术手法来反映社会生活、风土人情，描绘人物、情节和环境，具有鲜明地方特色的小说叙述话语。

12 月　《南京师范大学文学院学报》第 4 期刊发了张书恒的《倾斜的道德与思想天平——论二月河"帝王系列"的思想文化内涵》。文章认为，二月河以新的方式观照历史，在对康、雍、乾 130 多年历史的认识上，二月河扬弃了"民族正统论"的历史观，对这段历史进行了较为客观的描绘和刻画；而在封建官场人与人的表现上，作者则以批判的态度，从封建传统文化的深处揭示了封建社会官场的腐败和险恶；在人物形象的塑造上，作者对封建社会人际关系间的钩心斗角等行为的揭露，也表现出了作者与传统文化之间的渊源关系。以开放的眼光和科学的历史观，去展现"康、雍、乾盛世" 130 多年的历史。其次，二月河帝王系列对康、雍、乾百年历史的文化重构中所表现出的史识还突出地表现在作者对封建政治权力之争的细腻表现和展示上。

12 月　二月河的《由蔡东藩历史演义所思》在《南京师范大学文学院学报》第 4 期发表。

是年　二月河当选第十届全国人大代表。

2004 年　60 岁

2 月 26 日，中共中央、国务院发出《关于进一步加强和改进未成年人思想道德建设的若干意见》，要求各地各部门大力加强未成年人的思想教育。

9 月 28 日，是孔子诞辰两千五百五十五周年，恰逢中秋节，中华人民共和国首次官方祭奠孔子大典，在曲阜孔庙大成殿前隆重举行。曲阜市市长诵读了祭祀祭文。祭文历数至圣先师之功德，叙述后世继承之作为，展望中华崛起之宏图，表达期盼大同和平之愿望。

11 月，中共中央、国务院发出《关于进一步加强和改进大学生思想政治教育的意见》，要求各地各部门大力加强大学生的思想教育。

12 月，第十届全国人大常委会第 26 次委员长会议将《反分裂国家法（草案）》列入第十届全国人大常委会第 13 次会议议程草案。2004 年 12 月 25 日开幕的全国人大常委会第 13 次会议上，全国人大常委会组成人员认为，制定《反分裂国家法》十分必要和适时。

1 月 《二月河语》由昆仑出版社出版。

《二月河语》封面

《二月河语》中收录了二月河的 50 多篇散文、随笔，该书
在他的读书学习、创作"落霞三部曲"以及说话办事等方面，
都展示了一种"小"，二月河自视小，甘放低，俯首做小人物。
《二月河语》在很大程度上也可以看作他对于"落霞三部曲"
的一种补充和阐释，贴近现实和民生，鞭挞丑陋的社会现象和
文化遗留，极富洞察力和批判性。"收入《二月河语》中的文
章，许多是融哲理性、思辨性、趣味性于一体的时尚休闲类散

文。他的眼光始终盯着社会现实，关心普通老百姓的生活，处处想着平民百姓。"①

2月3日 《山西日报》发表《正月细说二月河》。文章说："对于写作，二月河有两个比喻：一个是说，每写一部书，就等于穿越一座大沙漠，确实感到寂寞而空寥，完全是一个独行客。当然，在行进中也能找到自己的乐趣。有些地方写起来很困难，感觉就像是在沙漠里边。绕过去，就有一片绿洲在等待着自己。另一个是说，写作是一种资源消耗，既是体力的消耗、脑力的消耗，同时也是知识的消耗、感情的消耗。资源当然是越消耗越少，要想资源再生，就必须不断学习，不断'充电'。"

2月 《中南民族大学学报（人文社会科学版）》第1期发表了刘克的《楚汉文化的整合与二月河清帝系列小说的艺术精神》，文章着重从地域文化视角对二月河清帝系列小说的艺术创新进行考察。文章指出，在清帝系列小说中，突出地表现为强烈的楚汉文化意识，即对南阳地方戏曲和任侠之风的认同意识和向往意识。这种豪爽、侠义的性格和率直的硬汉精神延续下来，成为二月河文学创作价值追求中的诗性基因，给他批评当下世人的虚伪猥琐习性充当着精神支点。二月河在楚汉文化美质的根基上展开运思，显现出本地风土文化在全民族文化中的位置与分量，构成了作品深受欢迎的美学品质。

---

① 秦其良：《情系百姓平民心——二月河散文解读》，《重庆工学院学报》2006年第12期。

3月 《中央民族大学学报（哲学社会科学版）》第2期发表了刘克的《二月河清帝系列小说无赖母题的民俗范式》。文章认为，二月河清帝系列小说属于文化历史小说范畴，他以文献的形式将散落于豫、皖、浙、京等地有关无赖的资料进行了深入钩稽，生动逼真地展现了江湖风俗画卷。二月河在清帝系列小说中，大多都把流氓无赖的出现场景配以浓郁的民俗文化氛围，在民俗中展示无赖行径的"预成图式"。

3月 《当代广西》转载了新华社的《腐败是"社会糖尿病"》。文章写道："二月河说，腐败可以说是'社会糖尿病'，它是一个富贵病，不会直接导致社会死亡，而是使国家、社会变得极其脆弱，不堪一击。其本身的隐蔽性也很强，不知不觉中腐败已成为社会的一大'顽疾'。所以解决腐败问题是全社会的责任，国家有责、政府有责、个人也有责。"

5月18日 《经济日报》发表了梁桦的访谈文章《二月河 人类自在的美是永恒的》。关于清朝的税赋问题，二月河说："清朝对农民免税很多，尤其是康熙、乾隆这两个经济发展最快的时期，免税动作最大。按当时藏富于民的政策，老百姓的整体生活水准和生产能力得到提高。"对历史人物的评价标准，二月河再次说道："凡是对历史进程作出过贡献，对改善人民生活水平，对当时生产力发展，对加强当时民族团结作出过贡献的人，我就要讴歌他们，反之，对于那些搞动乱，妨碍民族团结和国家统一的人，我就要批评。因为那些行为和做法不利于发展生产力，不利于提高人民生活水平。我从不唯成分论。"

5月　《书摘》第 5 期发表了摘自二月河《二月河语》的《散说名利场》。

5月　《杂文选刊（下半月）》第 5 期发表了摘自二月河《二月河语》的《马屁永恒》。该文后被多种期刊选编或转载，如《书摘》2004 年第 6 期、《读书文摘》2011 年第 3 期、《喜剧世界（下半月）》2011 年第 6 期。

6月　《今日湖北》第 6 期发表了泛舟的访谈文章《二月河与他的笔下王朝——与著名历史小说作家二月河的对话》。二月河在采访中说："我创作这几部历史小说，主要是揭露封建社会和封建制度的腐朽、残酷、虚伪和落后。告诉你，我的父亲是经历过枪林弹雨的老八路，他看了我的《康熙大帝》之后，觉得清朝的封建统治和宫廷的权力之争，杀机四伏，险象环生，简直是太可怕了，不敢继续往下看。我就对父亲说，当时的真实状况比我在小说中描写的还要残酷，还要恐怖。作为一部作品，只有把封建社会的虚伪性揭露透了，才能让读者看到血淋淋幕后的东西，才能看到封建社会本质的东西。我们虽然已进入 21 世纪了，但我认为清除封建残余意识的任务并没有终结。比如小农意识、'官本位'意识、宗法观点、专制意识、等级观念等等，都是我们当今改革和建设的障碍。不彻底清除这些封建的残渣余孽，就会影响改革和建设的进程。"

8月　《语文世界（高中版）》第 Z2 期发表了李焱的采访文章《二月冰消水滔滔——著名作家二月河访谈录》。二月河在采访中说道："说到我对自己作品的评价，我想到毛泽东说过的一句话，任何一个艺术家没有不欣赏自己作品的。所以我自己比别人的肯定还是要相对多一点。我在每部作品上面都投入了自己全部的体力、智力、历史方面的认识等。当然我对自己的作品还是有些反思，包括个别人物形象、逻辑思维、细节表述等都有令自己汗颜的地方，但这不等于我否定它——有茂林修竹、崇山峻岭，也有混沙矿藏、垃圾尘渣。我愿意向给我作品提出批评意见的同志表示谢意，将来我会认真整理这些作品，但大的变动不可能有。""我读书比较杂，但我读书较认真。11岁看《西游记》，15岁看《三国演义》《水浒》，到了十六七岁，开始看《红楼梦》，最后是《聊斋志异》。这几部书对我的影响都比较大，我的作品中可以看到这几部书的影子。二十四史、《古文观止》、《庄子》、《楚辞选》我都读，在部队时我又疯狂读了一些中外名著。这些不知不觉地形成了我自己的知识积淀。读书要像羊羔跑到草原上去吃草一样泛泛地读、多读。""青年人要多读书学习，否则晚年定会后悔不已。读书要先博再专，机遇对每个人都是差不多的，强者弱者之间，也没有多少区别，关键是看谁的功夫下得到。社会上的诱惑太多，谁拒绝诱惑谁就成功了一半，另一半就是耐得住寂寞，没有时间学习的人，要想成大器，有点儿异想天开。"

8月 《红楼梦学刊》第3期刊登了孙玉明的《二月河的"红楼情"》。就《康熙大帝》中魏东亭与曹雪芹祖父曹寅的关系，孙玉明从魏东亭的姓名来源进行分析，认为，曹寅号楝亭，依三国之曹魏化曹为魏；"楝"字去掉"木"字，是"柬"似"东"，"亭"字则没有变化。孙玉明的分析也得到了二月河的肯定。在之后的采访中，二月河说："我的小说《康熙大帝》中有一个人物叫魏东亭，这个人物形象就是以曹雪芹的祖父曹寅为原型进行创作的……"①

9月　《南都学坛（人文社会科学学报）》第 5 期发表了张德礼、桓晓虹的《缺失体验：二月河创作心理动因探寻》。文章指出，探寻二月河历史小说的创作历程，同样可以看到驱使其小说创作的心理动因：欲望缺失的人生体验。一是青春萌动的美好爱情毁灭而积郁的初恋情结，作家称之为"雷击"效应，它化入笔下人物的血脉和心灵，并转移到男主人公的情爱历程之中；二是原想走仕途的人生追求遇挫而只好纸上谈兵的仕途情结，这直接推动作家选择文学言说，实现把自己想的变成别人做的给人去读去想的愿望。两种情结的交渗纠缠，为小说的情感取向和理性思考打下了作家鲜明的个性印记，也使其社会历史小说的爱情描写别具风韵。

9月　《江苏社会科学》第 5 期发表了庄若江的《"民间立场"与"政治话语"——高阳、二月河的清史文本比较》。文章指出，二月河的"帝王系列"择取的是中国封建史上少有的鼎盛期——康乾盛世，从表现主体、题材的选择即可窥见其鲜明的倾向性，作者对盛世帝王充满好感，对其历史功绩给予充

---

① 张丽：《文学经典中的经典——著名作家二月河谈〈红楼梦〉的价值与启迪》，《人民政协报》2015 年 1 月 26 日第 9 版。

分肯定。他认为康、雍、乾三朝之所以能构建起封建社会最后的高峰——康乾盛世，帝王的作用十分重要。封建历史上彪炳青史的皇帝并不多，通过小说正面塑造帝王形象，表现帝王之于历史的重要作用，正是二月河创作的出发点。

10 月 18 日 二月河参加在浙江杭州举行的电视剧《红顶商人胡雪岩》开机仪式，并发表讲话。

10 月 《江汉论坛》第 10 期发表了张法的《在康—雍—乾帝王系列文体选择的背后》。文章认为，二月河的康—雍—乾帝王系列的多重多面最终凝结为一种汉语形式，也以这种汉语形式进入现代文化流通领域，在全球化时代，特别突出了语言与文化关联的特征。二月河采用更为古典的章回小说的题目形式：对偶句回目。在形式上，这更符合帝王将相的正史，很庄重。康熙、雍正、乾隆，三代皇帝在古典的回目形式中一个一个地出场，很合适。

11 月 《文艺评论》第 6 期发表了徐亚东的《冷与热的背后——"二月河现象"文化解读》。文章认为，二月河殚精竭虑、呕心沥血十几载创作的"帝王系列"历史小说，深受读者欢迎，而评论界却熟视无睹、漠然相向。"二月河热"的原因既有文本内容、审美品格等内在原因，也有社会文化思潮、接受的文化语境等外在原因。文本层面而言，"帝王系列"呈现出鲜明的雅俗融合的审美品格，这为满足不同层次读者的审美趣味提供保证。其雅的品格首先体现在二月河严肃认真切入历史的态度和立场，其次也体现在文本包蕴较为深广的文化意蕴。这赢得了有一定文化水准的知识者赞许。"帝王系列"在一般大众拥有市场，主要归功于俗的文学品格。二月河在评论界冷的原因，与批评理论的西化、缺乏文本批评等因素有关。

12月2日 《深圳特区报》发表了王樽的采访文章《二月河坦言帝王剧大多不合格》。12月1日，二月河作为读书月组委会邀请的重头嘉宾到深圳书城与深圳作家、读者进行见面交流。在见面会上，二月河畅谈了他创作"帝王小说"的甘苦，以深厚的历史学养分析了清政府一统天下的历史成因，并特别讲述了他心目中的康熙大帝。二月河说他看好深圳："我认为在新的文化交流格局中，深圳是个值得重视的交流点，有着独特的枢纽作用。不要看这个地方有个作家群，那个地方有个文化团体。深圳在形成带有变异的新思维方面，有着自己的优势。"

12月3日 《中国邮政报》发表了戈中博的《二月河：集邮快乐》。二月河在采访中说："我的主要工作是写书，在感觉非常疲倦时，翻开集邮册，看看自己收集的邮票，是一种换脑筋的方式，在感觉上有一份清晰、一份愉快，是对自己精神的一种陶冶。这种味道是很难用语言表达出来的，总而言之，集邮对于我的写作是有促进、有帮助的。""邮票虽小，但画面都是精品，在很小的方寸之间，体现了一种很博大的社会实践和生活，也就是说，通过这种很平面的感觉，把大千世界都纳入邮票这个小小空间当中。翻开集邮册可以看到万里长城，可以看到很壮阔的战争场面，可以把一篇很长的小说浓缩其中，也可以看到一个世界，所以，邮票是一种非常了不得的艺术。通过集邮给人一种精神上的深化，在欣赏邮票画面时会不自觉地把自己融化在其中，使整个精神生活跟这种艺术品沟通起来，获取一种感知，这种感知不是完全能用语言来表达的。"文中写道："二月河对邮票还有更深一层的感受，就是邮票永远是新鲜的：新的内容、新的画面、新的设计，与时代息息相关，而且月月发行，这种'新'永不终止。这与他思维前瞻、求新求异的性格不谋而合。从他的创作中，你仿佛可以感受到他把对邮票的感知注入了作品中。""二月河道出了自己对集邮的深刻感觉，也道出了集邮这项文化活动深受世人喜爱的真谛——集邮快乐。"

12 月 《中国历史文学的世纪之旅——现当代历史题材创作国际研讨会论文集》（吴秀明主编，春风文艺出版社）出版，收录了颜鹏的《大众文化背景下的历史题材创作——小说〈雍正皇帝〉与电视剧〈雍正王朝〉的比较分析》。颜鹏在讨论《雍正皇帝》改编为电视剧时认为："《雍正皇帝》就是诞生在这样一种文化转型，文学观念发生嬗变的历史背景之下的。《雍正皇帝》作为历史小说，并没有将自己的思想与立场局限于一隅，而是拓展了视野，融会了古今，巧妙地找到了改革这个古今相通的支撑点，沟通了历史与现实，过去与今天，使全剧有了当代意识和现代精神。"

12 月 《新疆大学学报（社会科学版）》第 4 期发表了刘克的《当代清朝题材小说热点作品的突破与局限》。刘克在论述二月河的历史小说时指出，二月河不仅追求史实的真实可信性，同时更喜欢在小说中张扬天道与人性中所隐含的诗性基因，追求文学的趣味性，于精彩绝艳中实现质文同胜。在欲望的表现上，二月河最大的失误是用沉湎代替尊重，没有把欲望与欲望以外的文化因素结合起来通盘思考。二月河们的清代叙事凭借对道德文化和审美文化的独到理解，赋予作品内容极强的张力，实现了文学与各自心中历史的融通。

12 月　《海内与海外》第 12 期发表了胡兴军的《"书痴"二月河》。

12 月　《教育文汇》第 12 期转载了二月河的《致老师的一封信》。尽管信中有些语言尖锐，但是仍不掩饰对老师的爱戴之情。该文后被多种期刊选编或转载，如《少儿科技》2010 年第 6 期、《杂文选刊（上旬刊）》2012 年第 8 期、《教师博览》2012 年第 11 期、《学习博览》2012 年第 12 期、《喜剧世界（下半月）》2013 年第 3 期。

2005 年　61 岁

1月3日，中共中央印发《建立健全教育、制度、监督并重的惩治和预防腐败体系实施纲要》。

2月18日，中共中央印发《关于进一步加强中国共产党领导的多党合作和政治协商制度建设的意见》。

12月23日，中共中央、国务院印发《关于深化文化体制改革的若干意见》。

12月29日，十届全国人大常委会第十九次会议决定，全国人大常委会于1958年6月3日通过的《中华人民共和国农业税条例》自2006年1月1日起废止。在中国延续两千多年的农业税正式成为历史。

1月21日　《中国图书商报》第A18版发布了《10年阅读影响力人物》，二月河入选其中。入选理由："《雍正王朝》热播，小说热销，海内外关注'二月河现象'。在少有的几位历史小说集大成者中，40岁才开始文学创作的二月河以《康熙大帝》《雍正皇帝》《乾隆皇帝》系列帝王历史小说占据重要的一席之地。其中，《雍正皇帝》获第五届茅盾文学奖提名及'八五'期间全国优秀长篇小说奖。1999年，由该小说改编的电视剧《雍正王朝》在中央电视台热播，为二月河赢得了广泛的社会声誉，成为其创作的一个里程碑。借电视剧之东风，当年《雍正皇帝》就售出多达25万套。1999年，香港评出'近代中国百名作家'，二月河榜上有名；2000年，美国华人评选'最受欢迎的中国作家'，二月河又当选此荣誉。"

1月　《两岸关系》第1期发表了记者傅宁军的采访文章《二月河：走红台湾的黄河之子》。记者提出，对于写作是否需要实地考察。二月河认为："写那一代皇室，当然要考证，但不必实地考察。如清代辅助纪晓岚的王世贞撰写的史书，就收录了北京所有的建筑。这叫什么府，走多远是什么桥，桥旁景致的名称是什么，都在里面写着。"

3月　《晋阳学刊》第2期刊发了刘克的《民俗学田野作业范式与二月河历史小说戏曲母题》。文章认为，二月河清帝系列小说中的戏曲文化母题，有着丰富的民俗内容。二月河对于相关题材的反映，使用了民俗学田野作业的方法。正是这种视角的存在，清帝系列小说中的戏曲民俗，出现了一定程度的变异。

4月21日　《人民日报》（海外版）发表了田永清的《话说二月河》。文章写道："二月河把这三部书比作自己的三个女儿。《人民日报》一位记者问他：那你最喜欢哪个女儿？二月河稍微思索，这样回答：我最喜欢的是历史上的康熙其人，写作上最满意的是《雍正皇帝》，在塑造人物上下功夫最大的是《乾隆皇帝》。"

6月 二月河的《读书·论事（四题）》在《长江文艺》第6期发表。

6月 二月河的《税的偶谈》在《中国税务》第6期发表。

7月 《科学与文化》第7期发表了田永清的《"帝王作家"二月河》。田永清介绍："二月河公式：名气＝才气+运气+力气。二月河很欣赏孙中山先生的名言：'要立志做大事，不要立志做大官。'他平时最喜欢两个座右铭，一个是刻在南阳卧龙岗一通石碑上的10个大字：'务外非君子，守中是丈夫。'他常说：'君子守中不务外，我内心里确实不想做什么官，我只想老老实实做个写书的人。'二月河还有一个座右铭，叫作'拿起笔来老子天下第一，放下笔来夹着尾巴做人'。这是他在长期写作实践中总结出来的一条深刻体会。在他身上，既有粗犷豪放的一面，也有严谨细致的一面，他把自信和谦虚很自然很巧妙地结合在一起。二月河给自己制定了'三条守则'：一是守时，二是守信，三是一段时间只做一件事情。他认为，只有坚持一段时间只做一件事情，才能专心致志，全力以赴，获得成功。"

7月 《贵州社会科学》第4期发表了刘克的《复仇叙述：从命运自觉到凿壁借明——评二月河清帝系列小说》。文章认为，浓郁的复仇文化背景和漫长的精神炼狱在二月河胸中汇聚了汹涌的复仇势能。二月河清帝系列小说对此不仅有客观形象的描述，而且还隐含着深刻的分析。在复仇的演述过程中，时时传达出命运的信息。审美追求上的动摇性，不仅直接影响了作品文化精神与价值指向的发掘和阐释，而且还削弱了作品本应具有的诗性或反诗性力量。

7—8月　二月河在《人民日报》（海外版）"河上雨"专栏先后发表《我是河南人，山西是故乡》《清凉丛林》《山西老抠能聚财》《吃呀！来山西，吃呀！》《陈廷敬的遗泽》等"山西情缘系列"散文，陆续被许多报刊选载转发，在海内外引起反响，这是二月河作为一位作家对祖籍家乡献上的一份最深情的厚礼。

8月　《二月河妙解〈红楼梦〉》由长江文艺出版社出版。

《二月河妙解〈红楼梦〉》封面

这是二月河研究《红楼梦》的专著。此书收录了六篇文章，通过对史湘云、元春、王熙凤等人的分析，进一步深入揭示了《红楼梦》的内涵。"《红楼梦》可以说是中国文学的一个重要'起因'，起码对我的作品创作影响特别大。"① 所以，从"落霞三部曲"中可以看出《红楼梦》对于二月河创作的影响。

9月 《出版参考·新阅读》第9期发表了田永清的《曾被老师讥为"饭桶"》。文中介绍："原来的凌解放，成长为后来的二月河，成了一位享誉海内外的大作家。有人断言，他小时候就很聪明，是个王勃式的神童。其实，完全不是这么回事。二月河没有上过大学，只是个高中毕业生，而且是小学留一年级、初中留一年级、高中留一年级，直到21岁才从高中毕业的。二月河从小喜欢特立独行，率性而为，不受成规约束。这既是天性使然，也与后天的环境有关。二月河的父母工作十分忙碌，加之频繁调动，所以常常把他一个人留在家里，或是寄宿在亲友、同学家里。少时的二月河调皮顽劣，喜欢热闹，经常摸鱼、抓螃蟹，玩得十分痛快。他不爱学习，经常逃学，猴子屁股坐不住，而且字也写得不好，歪七扭八，缺胳膊少腿，所以常常不被老师喜欢。二月河对正课不感兴趣，但对一些课外读物十分痴迷。上初中时，他就凭着兴趣，津津有味地读完了《水浒传》《西游记》《三国演义》等中国古典文学名著。不少外国文学名著，如《汤姆·索亚历险记》《钢铁是怎样炼成

---

① 张丽：《文学经典中的经典——著名作家二月河谈〈红楼梦〉的价值与启迪》，《人民政协报》2015年1月26日第9版。

的》等，也没有逃过他的眼睛。在读高中时，他又偶然读到了《红楼梦》，对这部书他更是情有独钟、如饥似渴。二月河功课不好，又特别喜欢读这些杂书，这在当时自然是被视为'大逆不道'的。老师当然不喜欢这样的学生，生气时甚至称他是'饭桶''废物'，断言他肯定不会成才。"

10 月 二月河的《初记白河》在《海燕》第 10 期发表。

10 月 二月河的《雍正一书构思始末》在《中国铁路文艺》第 10 期发表。

11 月 11 日 《河北日报》发表了记者张继合的采访文章《玫瑰一枝映落霞——对话二月河》。对于历史剧呈泛滥的趋势，二月河回答道："千万不要低估老百姓的欣赏水平。他们喜闻乐见的文化形式，就是一种实实在在的精神需求。没有谁可以强制别人爱什么、不爱什么，既然观众能从'历史剧'中获得思想共鸣和欣赏乐趣，他们的选择就应该被尊重，而不应被藐视。《康熙王朝》热播就证明，历史总有某些惊人的相似之处。"对于正史与小说的关系，二月河说："我的小说源于历史，却不能当作正史来读，不过是对当时社会生活的文学化描述……需要'源于生活，高于生活'才有人喜欢看。我的创作原则是：历史真实性和艺术真实性冲突时，前者必须让位。"对于侠、传奇、言情之类的现实定位，他的回答是："我不认为武侠之类的作品是下流的'地摊货'。反之，它们令人想象力释放、精神世界自由，能够获得健康的艺术享受。否则，就无法解释这类文艺作品何以历久不衰。我无法代表其他作家，只能约束自己。"

11 月　张德礼等著的《二月河历史叙事的文化审美建构》由人民出版社出版。该著是第一部对二月河"清帝系列"小说予以系统理论阐释的学术专著。该著以文学文化批评的方法，从精神苦旅——二月河小说创作的心路历程，文本阐释——二月河历史小说的文化意蕴，文本意义——留给文坛的艺术启示，这三个部分对二月河及其历史小说创作进行了阐释。其中追溯了二月河的家源及生活历练，梳理了作家的阅读视野与积累的素养，列举了他的经历和创作与《红楼梦》的关系，探讨了作家创作的心理动机。继而对二月河小说文本进行全面阐释，分析了诗与史融合的文本审美建构、大众审美取向、民俗学意蕴、戏曲母题、侠文化与隐士文化、荆楚文化的想象、风土文化、人文精神与美学追求等。"二月河凭着对生活敏锐的观察力，不仅在重诠康、雍、乾王朝那波澜壮阔的政治生活时加进了自己对于荆楚文化的理解，而且还以楚人倔强的根性烛照了皇帝的情绪世界。"① 最后揭示了文本的意义："二月河现象"的美学风范、雅与俗交融的审美定位、对传统文化资源整合形成的小说叙事机制、小说的诗学范式等。

12 月 16 日　深圳读书月组委会办公室、深圳市特区文化研究中心举办"在历史的天空下——金庸、二月河深圳对话"活动。金庸、二月河二人齐聚南海。这是 61 岁的二月河和 81 岁的

---

① 张德礼等：《二月河历史叙事的文化审美建构》，人民出版社，2005，第139 页。

"在历史的天空下——金庸、二月河深圳对话"活动现场

金庸首度会面。当时适逢金庸武侠小说创作 50 周年，二月河刚过花甲寿辰，两人开心地谈论侠道，成文坛盛事。二月河认为前 100 年没有出现金庸，再过 100 年上帝也不可能再赐我们一个金庸。这是一种机遇，是天、人、地互相感应，才能出这样的作品、这样的人。中国最早的武侠小说可以推远到《史记》中的《游侠列传》，到《唐人传奇》出现了红线女这样一些带有武侠特色的传说，经过了多个百年，才出现了《三侠五义》《七侠五义》《江湖奇侠传》《儿女英雄传》这类的书。又是一个几百年的空档，才出现了以金庸先生为领军的新武侠小说，我们怎么可能指望在 100 年内再出一个金庸？文学上的突破是很不容易的。金庸听得呵呵直乐。他说当时看二月河小说的时候，

二月河请金庸进入会场

最受吸引和感动的是《雍正皇帝》这部分，本来中国写雍正的小说很多，都是把他作为反派角色来写，二月河首把雍正当作正面人物来创作，使大家对雍正的处境很同情，而且也是有史据的，从此改变了国人的观念。他直言非常喜欢二月河的作品，看出二月河就是个很典型的小说里的北方人物（意谓乔峰），豪爽健谈，很风趣，是个好人，愿意跟二月河交朋友。二月河说他有个感觉，觉得金庸有点像老顽童。虽是首会，互相捧场，两座奇峰无意一争高下，金庸的刀光剑影早已成了平沙秋水，二月河的百炼钢也化作了绕指柔，两颗智慧的头脑灵光辉映，机敏的谈吐参透古今，荧屏内外迷倒一片。

2006 年　62 岁

3 月 4 日，胡锦涛在参加全国政协十届四次会议民盟、民进界委员联组讨论时讲话，提出社会主义荣辱观。

10 月 11 日，中共十六届六中全会通过《关于构建社会主义和谐社会若干重大问题的决定》。指出，社会和谐是中国特色社会主义的本质属性，强调要按照民主法治、公平正义、诚信友爱、充满活力、安定有序、人与自然和谐相处的总要求，构建社会主义和谐社会，推动社会建设与经济建设、政治建设、文化建设协调发展。

11 月 4—5 日，中非合作论坛北京峰会举行。峰会通过《中非合作论坛北京峰会宣言》和《中非合作论坛—北京行动计划（2007—2009 年）》。

2 月　《中南大学学报（社会科学版）》第 1 期发表了刘克的《历史小说：在家庭文化的认同与互动之间》。该文认为，由于生活中的灾难对感情造成了深重的伤害，对人性的拷问和对弱势群体无望告祝的关注也因此而成为二月河"落霞"系列的显在主题。对忍强勇毅的歌颂成了"落霞"系列行文的重点。

3月　《老人天地》第3期发表了张莉莉的《落霞长映二月河——记著名作家二月河》。

5月　《中国报道》第5期发表了记者刘嘉的采访文章《"社会需要一种悲天悯人的情怀"——访著名作家二月河》。文中讲了二月河的观点："目前我们的经济建设的成果是很显著的，然而在思想道德领域的建设却不尽如人意。目前我们亟须关注的一个重要问题，就是国民素质有待进一步提高，尤其是要抓好青少年的思想道德建设。""他建议成立全国性的国学研究所，来研究中国的传统道德，汲取其中的精华。""在讲到读者为什么喜欢他的书时，他说，大概是因为古典文化蕴藏的神奇魅力。他的书里，有很多古典文化的因素，包括诗词歌赋、传统礼节以及文化观念等等，这些大概就是吸引读者的重要因素。"

6月　二月河的《佛像前的沉吟》在《中国铁路文艺》第6期发表。

7月　二月河的《读书要缘分》在《课外阅读》第7期发表。该文后被多种期刊选编或转载，如《秘书工作》2012年第11期、《读书文摘》2013年第2期、《小品文选刊》2017年第7期等。

7月　《中国教育报》第4版发表了刘媛、傅祎男的采访文章《从留级生到著名作家——近访作家二月河》。记者写道，二月河曾在读小学、初中、高中时期分别降过班，对这样的一段经历，作家本人是怎样看待的？对教诲他的老师有着怎样的心情？他是如何顶着压力努力拼搏的？成功后的他是如何对待当年骂过他的老师的？他对当前的教育有何看法，又寄予着怎样的期望？带着这样的问题，二月河接受了记者的采访。"我今天取得一些成绩，并不是以此对过去批评过我的老师报一箭之仇，让老师难堪；让一些不明内情的人看来，好像我对老师不敬。现在，曾经教过我的那些老师还都健在，我很怀念他们，有时晚上躺在床上脑子里还会出现他们的身影。""说起当年二月河挨骂、留级，有着诸多的因素。小时候，二月河的父母工作流动性大。家长单位的不固定，导致二月河不断变换学校。而每一所学校，课本内容不一样，进度不同，老师教学的水平也不一样；加上二月河从小率性而为，不受成规限制，喜欢特立独行；而他的父母都担任基层领导职务，忙于工作，没有更多的时间顾及他，无形中促成他的调皮顽劣。""教育是全社会都应关注的大事，涉及千家万户，与百姓息息相关，理应引起社会学家、政治家等的重视。"

8月14日　二月河的《抹不去的记忆——读〈活跃在中国的日本残留孤儿〉》在《人民日报》（海外版）第8版发表。

8月21日　《太原日报》第9版发表了记者卢有泉的《二月河回乡散记》。文章记录了刚刚在大同参加完全国红楼梦研讨会的二月河，冒着酷暑回到了故乡——昔阳县李家庄乡南庄村。陪二月河回乡的还有总参兵种部原政委田永清将军、河南省作协副主席王钢、山西省作协机关党组书记李再新及几家媒体记者等共10余人。二月河此次回乡祭祖、探亲就是要借此报答故乡的养育之恩。"二月河回乡寻根只有短短两天时间，活动日程安排得满满当当。但我们发现，尽管时间紧、活动多，每到一处二月河总要停下来，抽出一定时间为热情的乡人题词留念。""临别时，二月河被昔阳县聘为'昔阳文化研究会'顾问，并赠送给他一件精美的根雕，以表彰他对故乡的一片赤诚之心。"

8月　《人民论坛》第16期发表了二月河的《龙门故事说》。二月河对现有的考试制度发表了自己的看法。

8月　《郧阳师范高等专科学校学报》第4期发表了蔡贤富的《"德貌两分"——略谈二月河"帝王系列"对能吏的肖像描写》。该文认为，二月河"帝王系列"从整体上看仍然是传统的小说写法，但在继承中有新变。作品中描写人物除用语言、动作、细节展现人物性格外，在肖像描写上，二月河改变了传统小说单一从叙述人角度出发描写人物的写法，注意把叙述人角度和人物角度结合起来，用不同的眼光、从不同的角度去看待人物。作者特别注意作品中人物的视点。二月河描写丑人、怪人与他通俗的、平民化的文艺观是一致的。

8月　二月河的《山西情缘系列》在《中国作家（小说版）》第8期发表。

10月18日　二月河的《凭吊陈胜王》发表在《人民日报》（海外版）。该文后被多种期刊转载，如《杂文选刊（上半月）》2006年第12期、《新语文学习（初中版）》2007年第6

期等。

10 月 24 日　由阎建钢执导，二月河、薛家柱联合编剧，高阳经典作品《胡雪岩》改编的历史剧《红顶商人胡雪岩》在北京电视台播出。薛家柱道："当我们讨论到该作品的历史背景时，二月河眼光独到地认为，鸦片战争以后的清帝国，一直到宣统'末代皇帝'，这是中国历史上最错综复杂的时期。内忧外患，民不聊生，各种矛盾都交织在一起：中国封建王朝与外国帝国主义列强的矛盾、保皇派与洋务派的矛盾、洋务派内部北洋与南洋派别之间的矛盾，使中国社会出现前所未见的'乱'。乱世出英雄，胡雪岩就是这样一个乱世英雄。当讨论到胡雪岩这个人物的特定性格时，二月河认为，这个人应该很好接近却很难惹，他学问不大却阅历很深，他并非一个善良人但懂得善良，他越是遇到危险却越是清醒，他时时把握时机却又事事不做绝！总之，他是一个对乱世的人生阅历透彻至极而又善于观察的社会学家。""他特别提醒我：胡雪岩的失败，与'洋务派'的李（鸿章）、左（宗棠）之争不无关系。但在作品中千万不要把李鸿章简单化地写成'卖国贼'，要把他看作一个人，他与左宗棠的矛盾是人与人的矛盾。这样，才能塑造出有血有肉、鲜活生动的人物形象。"①

10 月 25 日　二月河做客郑州大学"大学生文化素质教育基地"，为师生作了题为《历史的真实与艺术的真实》的精彩报

---

①　薛家柱：《"三帝奇人"二月河》，《文化交流》2003 年第 4 期。

告。在近两个小时的讲座中，二月河以质朴幽默的语言、别样的视角，引据经典，评古论今，强调了文学创作应该充分地尊重历史的真实性，艺术必须崇尚真实。

11月 《南都学坛（人文社会科学学报）》第6期发表了张德礼的《实践理性：二月河历史小说的哲理意蕴》。文章认为，二月河在艺术与历史的有机融合中以清醒的哲理意蕴追求，突出了对人的生存与生命意义的关注，即人的实践理性精神的张扬。这种实践理性精神正是康德倡导的超越了感性欲望和个人幸福与自爱的、具有普遍意义的意志动机下的行动意识。它集中体现在二月河对康、雍、乾三代帝王尤其是雍正皇帝及辅佐他们的一批重臣贤相等艺术形象的塑造上。

11月 《中州学刊》第6期发表了王增范的《二月河清帝系列小说的缺陷》。文章在"二月河热"的氛围中，发出另一种声音，指出二月河作品的共同缺陷是，有意模糊历史的是非，模糊作品的政治立场和文化立场，在娱乐的形式下传播非娱乐的皇权文化观念，等等。二月河小说创作的缺陷是没有写出历史的真正轨迹，没有揭示出封建帝王家天下的实质，使对现实失望的人反身去求助于对封建治世的幻想，希望由封建帝王来治理天下。从文学的角度说，这套书整体上描写比较粗糙，故事常常即将到高潮就结束了，让读者的心理期待一次次落空，比较煞风景。这是其一。第二点是太江湖化。作者本意是写清朝历史，并要正面歌颂三位帝王，却写了许多奇怪的江湖术士，整体感觉太像清代的公案小说，降低了作品可能达到的品位。

第三点是色情描写太过分，个别段落完全上不了台面，是属于典型的色情文学的东西，用在这么正规的题材上面不伦不类。

11月　《海南师范学院学报（社会科学版）》第6期发表了吴秀明、王军宁的《大众文化视野中的二月河历史小说创作》。文章认为，在叙事上，二月河通过设置了权欲与情欲两条线索来表现被以往社会性、阶级性压抑的世俗欲望。他的历史小说注重书写权欲、情欲等世俗欲望，但同时也有超越大众的精英化吁求，并巧妙汲取民间资源融入其中。他所遵循的创作原则，促进了历史小说的多样化发展。

12月　二月河的《康熙大帝（节选）》在《中学生读写》第12期发表。

12月　二月河的《是黯淡的，但是……》被《中学生读写》第12期转载。该文被多种期刊转载，如《课外阅读》2007年第7期、《青年博览》2008年第5期等。

12月　二月河的《史侃秘书》在《秘书工作》第12期发表。

12月　二月河的《"鬼节"？"人节"！》在《中国铁路文艺》第12期发表。

12月　《今日国土》第12期发表了尹欣的访谈文章《我的书里都是"黄河的味道"——专访著名作家二月河》。在访谈中，作者深感二月河对黄河文化的情结。"中国是礼教国家，礼是什么？就是实实在在的规矩，要照规矩来。可现在很多时候是丢掉了规矩，丢掉了我们民族文化中很多的好东西。就像对待黄河，不能因为它里面有泥沙，不能因为它浑浊，就忽视它、无视它。没错，黄河的味道里面有苦有涩，但别忘了，它里面也有甜。我们现在是过度强调了苦和涩，而把甜和营养都扔掉了。不要把黄河的味道变成馊味，更不能无原则地抛弃。"黄河的壮阔、激荡，并不是一个五六岁的孩子能够完全读懂的。虽然'当时没有任何感动'，但当黄河的孩子长大后游历万水千山时，却发现每走一次，每走一步，内心的黄河记忆就愈加清晰、愈加深刻起来。那种魂牵梦绕的情愫，那种文化相通的感受，让他虽不能推窗即见，却已将黄河深深烙印在心里。""读我的书，你能读出两个字——黄河，我的书里都是黄河的味道。"

2007 年　63 岁

　　7 月 1 日，胡锦涛在庆祝香港回归祖国 10 周年大会暨香港特别行政区第三届政府就职典礼上讲话指出，"一国两制"是完整的概念。"一国"和"两制"不能相互割裂，更不能相互对立。"一国"就是要维护中央依法享有的权力，维护国家主权、统一、安全。"两制"就是要保障香港特别行政区依法享有的高度自治权，支持行政长官和特别行政区政府依法施政。

　　10 月 15—21 日，中国共产党第十七次全国代表大会召开。大会通过的报告《高举中国特色社会主义伟大旗帜，为夺取全面建设小康社会新胜利而奋斗》，全面阐述科学发展观的科学内涵、精神实质和根本要求，明确科学发展观第一要义是发展，核心是以人为本，基本要求是全面协调可持续，根本方法是统筹兼顾。大会通过《中国共产党章程（修正案）》，把科学发展观写入党章。大会第一次把建设生态文明作为实现全面建设小康社会奋斗目标的新要求提出来。

1月5日　二月河的《读史侃"秘书"》在《光明日报》发表。该文后被多种期刊转载，如《青年博览》2007年第5期、《领导文萃》2007年第4期、《晚报文萃》2007年第7期、《廉政瞭望》2008年第4期、《北京纪事（纪实文摘）》2008年第5期、《传奇文学选刊（女人100）》2008年第10期等。

1月　二月河的《林黛玉眉眼趣令》在《中学生阅读（高中版）》第1期发表。

1月　《西北大学学报（哲学社会科学版）》第1期发表了刘克的《言诞书奇与理真旨正——论二月河清帝系列小说对巫幻母题内涵开掘的文化意义》。该文认为，从文艺学的视角来看，清帝系列小说中的巫蛊术、厌胜术和妖异之象描写，不光是营造了一种扑朔迷离、波谲云诡的阅读世界，更重要的是透露出了一种写作理念。巫幻母题中述写的妖人异事，其故事的原型虽然来自民间，被二月河移入书中添笔润色成颇具怪诞色彩的情节，但是透过这怪异荒诞的表象，不难发现作者揭露封建专制制度下人心之恶的深刻笔意。

2月　二月河的《凤姐毒情》在《中学生阅读（高中版）》第2期发表。

2月　《淮海文汇》第1期发表了王华超的《淡定从容二月河》。文章对二月河的散文作出评价："二月河的散文，就像他本人一样，自由、洒脱。他的散文，大都没有固定的章法，任意而为，率性而谈，纵横恣肆而又收放自如，看似温厚，但藏着很深的锋芒，尤其是面对丑恶的社会现象和畸形的文化遗留，他的鞭挞是深刻有力的，他的讽刺是尖刻而犀利的。"

3月6日　《中国艺术报》第3版发表了金涛的访谈文章《弘扬优良人文精神应从儿童抓起》。二月河在接受采访时说："文艺不能缺少人文精神。人文精神失落了就不会有任何伟大的人文艺术。""全社会都应该来关注这种人文精神，作家在其中起到的是先锋、鼓手和旗手的作用。但我们不能仅仅要求作家一个队伍来倡导人文精神。社会学家、人文学家，包括所有关注上层建筑的机构都要来共同关注人文精神的建设。"

3月　《中国边防警察》第3期发表了聂虹影的访谈文章《布衣本色——访著名历史小说作家二月河》。文章认为，布衣本色是二月河人格底蕴之所在。二月河"借用《陕西日报》的8个字——'胖而不虚，土而不俗'描述自己"。"谈及他的日常生活，他概括了'五个一'：一天一首诗，一幅画，一幅字，一篇短文章，走一个小时的路。""谈及书画，他说练书画千万别找老师，找老师指点就坏了，老师指出你这不对、那不对，没有老师你就全对了。""二月河指出，现实题材以作者的社会阅历为基础，而历史题材则以作者的历史阅历为基础。他说，写历史故事是次要的。重要的是在创作过程中把现代生活、现代思想意识，包括自己对历史对现实的一些理解融合进去，使作品更贴近生活、贴近读者。康熙、雍正、乾隆三个帝王的统治时期是中国封建社会走向衰落时的回光返照，从纵的和横的切面写历史，以史为鉴，给现代人以启示。"

3月　二月河的《送礼的艺术》在《中学生阅读（高中

版）》第 3 期发表。

4 月　二月河的《宝钗的生日风波》在《中学生阅读（高中版）》第 4 期发表。

4 月　二月河的《我对〈雍正王朝〉有微词——论帝王系列与〈红楼梦〉》在《艺术评论》第 4 期发表。

5 月 4 日　《河北日报》第 2 版发表了李娟的访谈文章《作家要有健康思维——访作家二月河》。对于"作家的健康思维"，二月河回答道："现在有很多作家传递一种病态心理，你对社会思维和人性思维处于一种阴暗和寒冷的状态，或者是内心有难以表述的对社会不利的心态，你把它写出来就会感染别人，精神也是有传染病的。你个人的终极关怀必须是社会性的，天人合一，这样出来的作品，尽管有些是悲剧，但这个悲惨的遭遇包含着重要的社会因素，那就会对社会学家和读者有启迪作用。"

5 月 10 日　河南省政府举行"讲正气、树新风·以史鉴今"报告会，报告会由著名作家二月河主讲。5 月 11 日，《河南日报》第 2 版发表记者郭海方的《省政府举行"以史鉴今"报告会——著名作家二月河主讲》。报道说："二月河以历史小说作家的身份，以关注现实的视角，深入浅出地描述了清朝康熙、雍正、乾隆三代帝王的忧与虑、成与败。在谈到雍正时二月河介绍，雍正在位 13 年，除了各种公务活动，朱批多达 1000 多万字，'足见其勤勉，至少不是一个荒淫的皇帝'。他通过大量的事例告诉大家，历史永远是一面镜子，凡当政者都必须时时以史为鉴，勤政为民，廉洁自律。作为一名党员领导干部，必须经常审视自己，时刻保持清醒的头脑，严于律己，防微杜渐，经受起新形势下权力、金钱和美色的考验，树立良好的思想作风、学风、工作作风、领导作风和生活作风，讲政治、讲正气、讲奉献，辨是非、明荣辱、知美丑，以实际行动做好人、用好权、干成事，带头营造风清气正的环境氛围。"

5月20日 《石家庄日报》第1版发表了王伟华、冯杨的《军中儒将田永清 著名作家二月河联袂来石讲学——赵金铎会见两位来访客人》。报道称："在石期间，田永清和二月河，分别为河北行政学院主办的全省市、厅（局）级领导干部建设沿海经济社会发展强省研讨班、石家庄经济学院、河北省青年干部管理学院的师生讲学。他们先后讲授了领导科学，大学生如何成人成才成家，康熙、雍正、乾隆历史的真实性和艺术的真实性，受到与会者的热烈欢迎。"

5月 二月河的《赵姨娘的"法术"》在《中学生阅读（高中版）》第5期发表。

6月 二月河的《果敢强烈的一"试"》在《中学生阅读（高中版）》第6期发表。

6月 二月河的《新声新韵领风骚》在《中华诗词》第6期发表。

6月 《昭通师范高等专科学校学报》第3期发表了王文霞的《家国视野下的艰难"承担"——析二月河历史小说中知识分子形象》。该文认为，二月河通过塑造清朝初中期的知识分子形象，描绘了特定时期一批士人的风范，讴歌了传统文化中士坚守的一些优良精神：强烈的忧患意识，不计较名利，不计较个人得失，心怀百姓，以天下为己任，勇于承担，在社会的发展中充分发挥自己的作用。

7月27日 《发展导报》第2版发表了记者毕树文的《二月河作（做）客省图"文源讲坛"》。披露二月河将为省图书馆"山西省领导干部历史文化"专题讲座进行第二讲，与读者探讨"历史的真实与艺术的真实"。

7月30日 《山西经济日报》第1版发表了记者褚艳的《二月河：咱山西的空气清新了》。报道写道，在谈到对家乡的感受时，二月河这样说道："这几年每隔一段就会回山西，每次都有新感受。这次回来一个突出的感受就是空气污染治理得很好。在五台山，感觉天是那么蓝，云彩那么清晰。从五台山回太原市区，一路上基本开车窗，感到空气很新鲜，这说明山西的工业化做得更加精细，说明我们山西在治理污染方面下了很大力气。现在从太原市内到市外，从街上走过，就有一种清新的感受。""山西的文化景点保护得比较好，山西旅游思维非常清晰：北部是佛道教文化，中部是晋商文化，南边是寻根文化。"

7月 凤凰卫视《名人面对面》栏目编《对话文化名人：名人面对面》一书由中国友谊出版公司出版，书中收录了《二月河——"皇帝"作家》。二月河在访谈中由作家富豪榜谈到关于网上"唯皇史观"的评价，由此阐述了自己的历史观。"'任何一个人，不管他是什么出身，只要在某些方面作出贡献，地主也好、帝王将相也好、农民也好，我就是歌颂。'所以他的书中大量歌颂康熙、雍正和乾隆。'英雄和人民同时创造历史'是他的历史观。"

　　7月　《青岛文学》第7期发表了周同宾的《作家的画》。在文章中，作者讲述了二月河画荷："他画出了一篇周敦颐的《爱莲说》。"

　　7月　《中南林业科技大学学报（社会科学版）》第2期发表了黄尚文的《从区域文化角度比较唐浩明与二月河历史小说的差异》。文章认为，唐浩明、二月河的创作都受区域文化的影响，湖湘文化的经世致用与河东风土的重实轻名，是使唐浩明与二月河的文学作品在创作动机、艺术品位等方面产生差异的主要原因。

　　8月6日　《太原日报》第9版发表了邢晓梅的访谈文章《巧煮三江好水　细品百年文化——"帝王作家"二月河回乡讲学访谈录》。文中介绍，二月河在7月27日受邀来太原并为山西省领导干部作名为"历史的真实与艺术的真实"的文化讲座，博得如潮好评。讲座结束后，《双塔周刊》对其进行了专访。针对记者的问题：康熙当政时期，正是俄国的彼得大帝时期，康熙却没有把中国带向光明，原因何在？二月河回答："论才能，彼得大帝远不及康熙皇帝，但康熙的问题就是不能把个人的兴趣爱好和工作联系起来，他思想意识不开放。康熙就是中国的潘多拉，打开潘多拉宝盒，只看到里面装满了战争、祸害、灾难和瘟疫等，之后就把宝盒合上了，也就把光明和希望留在盒子里。如果他的开放政策不变，中国的工业革命大体上也会与西方同步，未来发展不可估量。在当时的社会情况下，康熙、雍正、乾隆三位皇帝都有机会把中国带进现代文明，但始终没迈出这一步。鸦片战争期间，东方文明被西方文明撞得粉碎，他们应该负一定的历史责任。"对于山西举办这类讲座的意义，二月河说："山西举办这种文化讲座非常聪明而睿智，这说明我们山西人的心目中要培养一份积极向上的带有民族光荣传统的精神内涵。"

8月16日　二月河的《中国的"情人节"——七夕》在《人民日报》（海外版）第7版发表。

8月　二月河的《创造力》在《青年博览》第8期发表。

9月1日　《河南日报》第1版发表了李天密、鲁钊的《构建和谐社会匹夫有责——访著名作家二月河》。对于记者谈到二月河扶贫助困捐款100多万元的事，二月河显得非常平静，他反复强调说："我不是作为什么党代表、人大代表捐款的，不是以作家身份捐款的，我是作为二月河，作为有爱心有良知的社会人，作为有责任感的党员去捐款的。我捐款有'三不原则'：不指定具体单位、不指定个人、不张扬宣传。以避免某些单位或个人去感谢我本人，应该去感谢党，感谢社会。构建和谐社会，匹夫有责。"谈及和谐社会，二月河说："今天的党和政府，亲民务实，提出和谐社会、和谐世界的理念，是非常及时和前瞻的，和谐比稳定、比和平高一层次，和谐，是面和，更是心和。和谐社会、和谐世界的提法是非常合乎人心世情，顺应世界潮流发展的，是一大贡献。"对于党的十六届五中全会提出建设社会主义新农村的决定，二月河非常认同和兴奋，他说："弘扬优秀文化，净化国民的心灵，提高国民素质，才能更好地去构建和谐社会，早日实现中华民族伟大复兴。"

9月3日　《中国新闻出版报》第4版发表了李强的《二月河新作〈胡雪岩〉中文繁体版高价卖出》。文中说："由长江文艺出版社出版的二月河最新历史小说《胡雪岩》中文繁体字版版权，以税后2万美金的高价卖给了台湾城邦文化事业股份有限公司旗下的麦田出版事业部，签约仪式8月31日上午在北京国际图书博览会上举行。"《胡雪岩》一书自出版以来，台湾远流、台湾联经、台湾麦田等多家出版社都对该书的中文繁体字版权产生了浓厚的兴趣和引进意愿。经过多轮磋商，《胡雪岩》最终花落麦田。

9月4日　由中央电视台科教节目制作中心和中国移动通信集团广东有限公司联合主办的电视节目《全球通名家讲谈》的第3讲为二月河讲《康熙、雍正、乾隆治国的异同》。在"全球通名家讲谈"讲台前，二月河跟台下的观众讲述自己名字的来龙去脉："那年国民党发动内战，上党战役中我们粉碎了国民党的进攻，所以我叫解放。后来日本人采访我问了同样的问题，我说，那一年日本人投降了，呵呵。"二月河用自己的角度审视着历史，在历史的纵向和横向的比较中，见出康熙的"大"，"康熙鼎盛时期，中国的版图是1400万平方公里。他下令丈量全国的土地，绘制了中国的第一张地图——《皇舆全览图》，这就给中国现在960多万平方公里版图面积一个法律上的肯定。他3次亲征准噶尔，两天只吃一顿饭，就这么着平定了新疆；他是中国历史上第一个解决'台独'问题的皇帝。康熙本人通7门外语，他的数学、音乐、医学、书法、诗词，都可以和当时的顶尖学者媲美。即使放在今天，我们也会十分尊敬这样的高级知识分子。所以，我要称他大帝。"在"九子夺嫡"中，二月河认为雍正即位是合理的："理由有二：满人入关后发布公文的行文制度是满汉合璧的，即满汉两种文字互相对照，改了汉字改不了满文；其二，'传位于四子'在皇帝的诏书中必须写成'传位于皇四子'，若是'传位于十四子'就必须写成'传位于皇十四子'。'请大家想一想，这个当中加一个字好不好改？现在台北故宫博物院已经发现了康熙传位诏书的原件，雍正确实是堂堂正正地即位。'"

9月26日 二月河与宗璞在南阳会晤。年已耄耋的宗璞一头银发，气质高华，慈心睿智；63岁的二月河一身便装施施然而来，一如既往地率性不羁。一位是满口京腔京韵的名门闺秀，一位是满口南阳方言的文坛大侠，首次晤面，纵谈一个多小时，二人对于《红楼梦》中的王熙凤的性格特点塑造，宝玉的感情特点以及《红楼梦》的伪作说、续作说等谈了各自的理解，碰撞出朵朵火花。

9月 二月河、薛家柱合著的《胡雪岩》由长江文艺出版社出版。

二月河与宗璞谈《红楼梦》

　　《胡雪岩》的写作受二月河身体原因影响，二月河是第一作者，宏观的整体结构布局、人文观念以及时代背景等二月河负责的比较多，但是由于二月河中风已经不能做大量的文字工作了。"以前我的身体比较好，可现在身体不允许了。主要是血糖、血压高。中风以后左半身还麻，现在手呀，脚呀，腿呀，还是不行，但是没有瘫倒。"①

　　《胡雪岩》是继"落霞三部曲"之后，二月河的又一最新探索。"小说是根据电视剧本写成的，一般我不涉及电视剧本，之所以接受，主要是因为胡雪岩这个人，是我在规划康、雍、乾整体创作之前就很感兴趣的人物，写作时不幸跳过了胡雪岩，

---

① 马芳芳、丁尘馨：《专访二月河："我为什么歌颂康熙雍正乾隆"》，《中国新闻周刊》2003年第34期。

《胡雪岩》封面

做电视剧算了却自己的心愿。"① 二月河以惯有的历史小说的笔
法描述了商人胡雪岩从无到有的经商之道。既表现了晚清官场、
政治的风云变幻，也展现了胡雪岩的智慧与谋略。对于胡雪岩
这个人物形象，二月河曾评价道："胡雪岩是中国特殊历史时期
产生的买办。这个买办既有中国文化的特征，又吸收了西方的
东西。当时中国是自给自足的自然经济，基本上没有什么外交。
社会生活的主要矛盾是地主和农民的矛盾。后来，列强侵入中

---

　　① 舒晋瑜：《二月河：我与河南二月河》，《中华读书报》2008 年 4 月 23 日
第 12 版。

国。在这个时期产生了胡雪岩。他既有一定的爱国思想，又有依附外国人来实现自己的发财梦这样的思维。他们说胡雪岩是政治家，我就笑了。他只能是个商人，就是个商人。如果是政治家，他不会只巴结左宗棠一个人，政治家不会只围绕一个人，还这么讲义气，政治家是不能讲义气的。按胡雪岩的个性来讲，他是大时代的弄潮儿，对当时形势宏观和微观的把握都是第一流的。他在政治上有脆弱的一面，倒台的最主要原因就是和左宗棠走得太近。左宗棠的敌人也很强大，当他们反扑过来的时候，就拿他当牺牲品。胡雪岩整体的经历是一个悲剧。他处于这样的时期，在政治倾轧下，成了牺牲品。如果没有一个好的政府、政策，个人想实现富国、利己这样的目的，都是有很大问题的。"① 二月河提到了自己塑造胡雪岩以及康熙、雍正、乾隆等人物时的写作方式："写历史小说就是在写历史，不要去考虑现在我们需要什么东西，根据这个去塑造历史是不行的。这是在写康熙、雍正、乾隆过程中，我给自己规定的严格的戒律，如果有任何蛛丝马迹，我都要把它去掉。你把历史的真实、艺术的真实，呈现给读者，让读者自己去想。"② "二月河的《胡雪岩》，卷帙间集传奇色彩、情节冲突与文笔渲染于一炉，奇诡紧张，精彩纷呈，自始至终，弦在弓上，一触即发，如急管繁弦铜琵琶，作品极具可读性，兼具了通俗传记文学之妙。"③

① 王巧玲：《二月河：我从不含沙射影》，《新世纪周刊》2007年第24期。
② 王巧玲：《二月河：我从不含沙射影》，《新世纪周刊》2007年第24期。
③ 无歌：《对胡雪岩的第二种写法》，《全国新书目》2007年第20期。

9 月　　《密云不雨》由作家出版社出版。

《密云不雨》封面

　　《密云不雨》是二月河的首部散文集。"密云不雨"出自《周易·小过卦》："密云不雨,自我西郊。"虽然满天乌云密布,却不下雨。二月河用"密云不雨"这个名字来展现自己家庭的特点。"那是指我们整个家庭的一个特点。这样一个特点,到了我跟前,这算是,应该说是下了一场倾盆大雨,是这样的。我们这个家庭就是除我二月河之外,我父亲、我母亲都有他们自己的这种传奇色彩。"① "这本书主要写我的家族背景，我的祖父祖母，我的父亲母亲，以及生活环境，等等。读者可以看到我是怎样成长起来的。"《密云不雨》是二月河一部关于自我、家庭、成长的自传，是一部二月河自己的"历史"。

《密云不雨》是二月河记述他的祖辈、父辈及自己前半生生活经历的文字。二月河与传统道家有着很深的渊源。二月河家门楼砖上雕刻的祖训是"退一步想""夫然后行"："爷爷可以将《道德经》背得滚瓜烂熟。父亲说话间零星不由自主能蹦出大段的老子语录，父亲晚年抄《道德经》，抄了一本又一本，送人作纪念……"② 凌家世代书香，他的父母又都是早年参加革命的军人，抗日战争、解放战争，以及 1949 年后的历次运动都在这个家庭身上留下了深深的烙印。作者以细致的笔触，描绘了大时代风云下他们全家的际遇、选择与心路历程。

9 月 二月河的《情节的效应》在《中学生阅读（高中版）》第 9 期发表。

9 月 二月河的《杨维永创作之路》在《躬耕》第 9 期发表。

9 月 《新世纪周刊》第 24 期发表了王巧玲的采访文章《二月河：我从不含沙射影》。采访中，二月河说："你不能企图去当读者的老师，你要跟读者当朋友，读者看了你的书后受到

---

① 凤凰卫视《名人面对面》栏目编《对话文化名人：名人面对面》，中国友谊出版公司，2007，第 33—47 页。

② 二月河：《密云不雨》，作家出版社，2007，第 15 页。

某种启发，那是读者自己的事情。在没有写康熙、雍正、乾隆之前，我就已经决定了，决不含沙射影、决不牵扯现在的，比如说反腐倡廉、经济政策、民族问题等。"

9月　《新世纪周刊》第24期发表了王巧玲的《历史达人二月河》。文章说："在南阳这座历史古城里，二月河是一位大名人。""他的书房中，挂着一幅齐白石的国画，桌上摆着笔墨纸砚。平日里，他喜欢练书法和画国画。书柜中，除了几套自己的作品《康熙大帝》《雍正皇帝》《乾隆皇帝》和最近刚出版的《胡雪岩》外，还有曾国藩、左宗棠等人的传记，以及其他清人笔记作品。有意思的是，还有几部金庸的武侠小说，他说：'看这个解闷。'而他们俩的小说则同是畅销、常销书。""有人说，有华人的地方就有二月河的读者，由他作品改编的电视剧在海内外的热播让他成为畅销作家，虽然名声在外，但也一直是争议不断。""尽管外界批判他美化帝王，是'唯皇史观'，但他仍然坚守被他称为'三个凡是'的创作原则。按他的标准来看，'康熙是英雄'，'洪秀全是恶魔'，他说自己决不按阶级出身来定论。"

10月10日　《中华读书报》第5版刊发了记者舒晋瑜的《二月河　硬着陆让我进入文坛》。

10月11日　《文学报》第1版发表了金莹的访谈文章《以文学"软化"心灵——访党的十七大代表、作家二月河》。文中写道："在提倡共建和谐社会的当下，他认为，一个作家所能做的，即通过作品为和谐文化打下心灵基础。""在二月河看来，作家的创作是在从文学方面做心灵的'软化工作'。这个'软化'，是他心中衡量一个民族、团体或者个人的素质的标准，指的是人们能同情弱者，帮助他人。作家通过作品暴露假恶丑，歌颂真善美，培养人们善良的本性，使他们得到心灵上的进步，在某种程度上促进文化的和谐。"

10月13日　《文艺报》第1版发表了韩晓雪的访谈文章《领会和谐社会的深刻内涵——访十七大代表、中国作协主席团委员二月河》。采访中，谈到中国的传统文化，二月河满怀使命感和责任感。他疾呼："我们要研究历史、分析历史，要对传统文化进行筛选，把其中的精华保留下来并发扬光大。"文中写道："二月河说，加强传统文化的继承与保护，光靠作家是不够的，需要全社会的共同努力，特别是社会学家和政治家。尤其是政治家更需要加强自己的修养，做到立德、立言、立行。"二月河在接受采访时说得最多的就是："好好过日子。"

二月河寄语领导干部：好好过日子

10 月 14 日 二月河的《我的两个责任编辑》在《南方日报》发表。

10 月 15 日 二月河参加中国共产党第十七次全国代表大会。

10 月 二月河的《周熠这个人》在《躬耕》第 10 期发表。该文后被多种期刊转载，如《散文选刊》2008 年第 1 期。

10 月 二月河的《贾府小小变色龙》在《中学生阅读（高中版）》第 10 期发表。

10 月 二月河的《跳出心灵牢笼》被《意林》第 19 期转载。该文被多种期刊转载，如《思维与智慧》2008 年第 10 期。以"跳出心灵的牢笼"为题被《学习博览》2010 年第 6 期、《文苑》2010 年第 7 期等转载。

11 月 21 日 二月河应邀来到华北水利水电学院，在龙子湖校区为师生作了题为《历史的真实与艺术的真实》的报告。在近两个小时的讲座中，二月河以质朴幽默的语言、精辟别样的视角，解读了盛世之主康熙大帝在各种矛盾的旋涡里运筹帷幄、力挽狂澜的英雄本色和雄韬伟略，雍正皇帝的勤政以及乾隆治国的睿智和处变不惊。二月河紧紧围绕着"历史的真实性与艺术的真实性"这一主题，旁征博引，引据经典，评古论今，强调了文学创作应该充分地尊重历史的真实性，艺术必须崇尚真实。

11 月 28 日 《河南日报》第 6 版发表了董建矿、韩舒的《二月河与河师大学子畅谈文化繁荣》。报道称："11 月 23 日，著名作家、河南师范大学文学院名誉院长二月河先生在河师大为师生作了主题为和谐文化的学术报告。"二月河就党的十七大报告中提出的"推动社会主义文化大发展大繁荣"谈了自己的看法:"十七大报告关于文化建设有许多新的提法,具有里程碑的意义;文化社会内涵极丰富的人文精神,是'民族凝聚力和创造力的重要源泉';当前我们的文化发展处在极大的机遇之中,'以人为本'的社会思想提供了文化发展的宽松环境与广阔的发展空间;社会生活内容空前丰富,给文化发展提供了丰富的营养;全民的参与,滋润了文化的土壤;外来文化带有普及性质介入普通人的生活,必然产生杂交优势文化。"

11 月 二月河的《好来汉风芒砀山》在《躬耕》第 11 期发表。该文后被多种期刊转载,如《中国铁路文艺》2009 年第 1 期。

11 月 《环球人物》第 22 期发表了路琰的《二月河:最后的盛世王朝》。作者对"康熙——千古一帝""空前绝后的九子夺嫡""历史的偶然与必然"进行一定的解释。

12 月 27 日 二月河的《宝藏遍布芒砀山》在《人民日报》(海外版)第 7 版发表。该文后被多种期刊转载,如《中国铁路文艺》2009 年第 5 期。

12 月 二月河的《又辣又酸的凤姐》在《中学生阅读(高中版)》第 12 期发表。

12 月 二月河的《香严寺二题》在《躬耕》第 12 期发表。

2008 年　64 岁

1月15日，胡锦涛在中共十七届中央纪委二次全会上讲话指出，要着力加强以完善惩治和预防腐败体系为重点的反腐倡廉建设。

5月12日，四川汶川发生里氏 8.0 级特大地震。在中共中央、国务院和中央军委坚强领导下，我国组织开展了历史上救援速度最快、动员范围最广、投入力量最大的抗震救灾斗争，夺取了抗震救灾斗争的重大胜利。

8月8—24日、9月6—17日，第29届夏季奥运会、第13届夏季残奥会先后在北京成功举办。这是中国首次举办夏季奥运会、残奥会。

1月1日　二月河在由鉴真图书馆主办的《扬州讲坛》上讲《康雍乾三朝政务与文化兴替》。

1月　二月河的《佛性文笔》在《中学生阅读（高中版）》第1期发表。

1月　二月河的《父亲和我》在《文学界（专辑版）》第1期发表。

1月　《文学界（专辑版）》第1期刊载了高聚武、二月河的访谈文章《拿起笔老子天下第一，放下笔夹着尾巴做人》。二月河谈到了在创作历史小说时，最基本的艺术性准则："两句话，一句是'大事不虚，小事不拘'，一句是'不求真有，但求会有'。""我以前有一个座右铭，叫作'拿起笔来老子天下第一，放下笔来夹着尾巴做人'。我曾经给自己制定了'三条守则'：一是守时，二是守信，三是一段时间只做一件事情。只有坚持一段时间只做一件事情，才能专心致志，全力以赴，获得成功。"

1月　《文学界（专辑版）》第1期刊发了易鉴容的《一次普通的拜访》。作者在对二月河的采访中写道："我们的拜访从房子谈起，谈到文学，谈到他的成长经历，谈到历史观，还谈到他的书画……""在他的散文中，历史就像一面镜子，照出了现实社会所存在的一些问题，从历史切入现实，从历史的演变中挖掘现实中所存在的各种社会现象的根源，这使得二月河的散文具有更为厚重的生活质感和文化内涵。"

1月　《文学界（专辑版）》第1期发表了二月河的《戏笔字画缘》《新作五题（散文）》。

1月　二月河的《香严初话》在《中国铁路文艺》第1期发表，后被《散文选刊》2008年第4期转载。

2月29日　《人民日报》（海外版）第7版刊载了鲁钊的

《酒入豪肠化灵感　浩荡恰如二月河》。文中写道："二月河先生留给人的印象就是大碗喝酒、大块吃肉、大声说笑、大气做人，一个梁山好汉式的人物。""仰脖饮酒，为二月河驱困逐寒；酒入豪肠，也为二月河带来磅礴灵感，使他的小说锦上添花，引人入胜。"

2月　二月河的《贴在"红楼"墙壁上的谜画》在《中学生阅读（高中版）》第2期发表。

3月8日　《新华每日电讯》第11版刊载了李钧德、杜宇的《二月河叹书价，自己都觉自己书贵》："全国人大代表、著名作家凌解放（二月河）在审议政府工作报告时说，现在的图书价格太贵，不利于文化的传播和发展。凌解放认为，现在的图书市场存在两个问题：一是出书门槛降低，但大部分图书原创性不足，缺少能够反映时代的伟大作品。二是图书价格太高，群众承受不了。这在客观上也造成了盗版书的横行。"

3月9日　《光明日报》第4版刊载了记者刘先琴的《二月河：时代呼唤文学的原创力》。当记者问到第十一届全国人大代表二月河准备在会上提交什么议案时，二月河说："最关心的是文学领域急需提高作家的原创动力。"文中写道："'原创关乎文学的命脉，也关乎民族精神。'说到这里，二月河收敛了敦厚的笑容。他说，从历史长河中可以看到，积淀下来的如唐诗宋词，但凡有生命力的都是原创作品，是我们民族的文化基因。"

3月12日　《北京日报》第13版刊载了记者周南焱的《二月河"作家免税论"引发争议》。二月河近日在两会间隙透露自己的想法，提议国家为作家免税，以刺激文化原创者的积极性。这一消息传开后引发了争议。

3月18日　《中国艺术报》第3版刊发了记者彭宽的采访文章《二月河：创作成就源于思想解放》。在改革开放30周年之际，著名作家、全国人大代表二月河在两会期间接受了专访，深情回顾了改革开放对他30年创作之路的巨大影响。"当时正值十一届三中全会召开前夕，关于真理标准问题的讨论和改革开放的呼声已经走出了地平线，并且走进了人们的生活，我嗅到了朦胧的改革开放的气息，开始有思想解放的要求。因为在部队我一直有写东西的兴趣，所以更希望到地方上把自己在部队多年读书的思路梳理一下，寻觅新的突破，探索新的创作理念来指导写作。而正是在当时思想解放的萌动下，我的胆量也大起来了，于是这一步让我开始迈向了创作道路。""康熙大帝的'大'是在改革开放之后才能理解的一种思维，是思想解放以后才能被得以认可的创作理念。""我的几部书的创作理念，其实就是从思想解放开始，逐渐形成并稳定下来的。要是没有外部环境的促进，没有大形势的促进，那是不行的。"

3月　二月河的《钱怎么用才对》在《中学生阅读（高中版）》第3期发表。

3月　《小说评论》第2期发表了秦晓帆的《同源异质的历史诠释——对高阳、唐浩明、二月河文化观的考察》。文章对二月河的作品进行了考察，认为，二月河从平民叙事立场出发，不被"历史之真"与"艺术之真"左右，而能巧妙地将小说的诗学范式与娱乐特性对接起来，在文本中编织了许多扑朔迷离的情节。二月河历史小说的地域性语境源自楚宛与河东风土相交的荆楚文化。楚人骁勇进取、执着刚烈的品性是其文化的典型特征。

4 月 22 日　二月河的《平民走进文化殿堂——网络文化现象有思》在《人民日报》第 7 版发表。

4 月 23 日　《中华读书报》第 12 版刊载了舒晋瑜的《二月河：我与河南二月河》。文中写道，二月河虽生在山西，但是对河南充满感情。"河南是我的衣食父母。一是我在河南，全盘接受了河南的文化底蕴，所受到的文化滋养来自河南，从小时候生活的洛阳，到现在所待的南阳，我在河南这块文化沃土上成长起来，思想理念、思维方式都是河南的，河南从精神上物质上养育了我；二是我的事业在河南成功，从部队回到地方上以后，1978 年，改革开放、思想解放的风吹到了河南，也'吹绿'了二月河，这才有了我的一系列书；第三，河南人都很爱我，我也爱河南人，无论走到哪里去，都能看到人们对我友善的笑容，尤其是南阳，街坊邻居见了我非常亲近，我对他们也产生亲近感。河南的天文地理、气候温度、饮食衣服我都全盘接受。人不能不认祖宗，我是山西人，但已经与河南人融为一体，河南人荣，我荣，河南人辱，我辱。""在南阳居住的时间太长了，我打算按自己的构想，在宣传南阳、张扬楚汉文化特色上做一把努力，包括历史的和现实的：一个是想对南阳的宗教文化做些工作，再把南阳汉代留下来的文化整理一下，包括刘秀在南阳的活动；再一个对现代的南阳取得的骄人成就宣传一下，包括我们南阳黄牛、皮尔蒙特牛，不单是为宣传而宣传，而是必须具有世界意义。"

4月25日　由新浪读书与河南文艺出版社联合主办的"南阳论战——朝阳与落霞：二月河、孙皓晖'秦清'对话"在南阳师范学院举行。

二月河和孙皓晖就作品的创作动力与意图、秦帝国与清王朝整体比较，以及各自喜欢的具有代表性的帝王等方面发表了各自的看法。二月河直言最喜欢的帝王是康熙，认为康熙时期的封建制度已经完全成熟，康熙重视汉文化，是虔诚的孔孟信徒。此外，康熙还对国家的统一、中华民族的团结有很大贡献，

二月河（右）与孙皓晖（左）"秦清"对话

奠定了现在的基本版图。对于经济的发展、人民生活水平的提升、文化教育的发展都有积极作用。而且，康熙是个高级知识分子，通晓医学、外语、书法、数学和建筑学等，文才武略着实了得。

4月 二月河的《深涉世故的薛姨妈》在《中学生阅读（高中版）》第4期发表。

4月 二月河的《香严寺二记》在《中国铁路文艺》第4期发表。

4月 《河南理工大学学报（社会科学版）》第2期发表了赵玉芬的《"帝王作家"的人文情怀——二月河历史小说论》。作者阐述了二月河作品的人文情怀，指出他的人文情怀首先摆脱了狭隘的阶级论、汉族中心的观念，对历史的评价更显人性化；其次在人物形象的塑造上，突出了人性内涵，表现出了人文精神；再次他怀着对我国传统文化的钟爱与敬仰之情，对古典文化进行了尽情展示；最后他"关注弱势人群的心理渴望与需求期盼"，寄托了现实中日益远去的人文关怀。

5月5日 《北京科技报》第14版刊载了李坤的采访文章《二月河：不与天争》。二月河谈到对于自己小说的定位，说："我的书不是历史书籍，而是历史题材的文艺小说，读我的书不是读历史。如果读者读了我的书对康熙、雍正、乾隆时期的历史产生了兴趣，那么在这个兴趣的基础上自己再去研究。"

5月 二月河受聘为安阳师范学院的兼职教授。

5月 二月河的《南阳三章》在《文史知识》第5期发表。

5月　二月河的《王熙凤排斥林黛玉吗》在《中学生阅读（高中版）》第5期发表。

5月　二月河为柳建伟新作写的序——《柳建伟和他的〈北方城郭〉（代序）》在《青年文学家》第5期发表。

6月1日　二月河、阎崇年在中央电视台《百家讲坛》开坛——"青梅煮酒说康熙"。央视《百家讲坛》邀请两位对康熙颇有研究的作家学者，分别从各自的角度评价康熙的功过得失。他们解读再现了一个真实而人性的康熙皇帝。康熙有三大贡献：第一对国家的统一、民族的团结作出了很大的贡献，当时的国土达到了1400万平方公里。第二治水兴农对发展当时经济、改善人民生活水平作出很大的贡献。第三对当时的文化、教育、科技发展作出了很大贡献。在康熙年间出现中国第一部著名的神鬼短篇小说《聊斋志异》。康熙自身懂得医学，懂得七国外语，懂得书法、数学和建筑，培育出双季稻，为社会发展作出了贡献。二月河在肯定康熙的同时，也指出了不足，二月河说："康熙时代，开海禁开了二十多年，突然又封起来了……如果开海禁政策不停，西方的那种文明之风能够早一点通过商贸来往流入中国，中国的工业革命能够相应与西方走向同步，清史可能会发生改变。"

6月　二月河的《续不上的情节》在《中学生阅读（高中版）》第6期发表。

6月　二月河的《文学是要讲缘分的》被《意林》第11期转载。

6月　二月河的《试解顺治皇帝出家谜说》在《章回小说（下半月）》第6期发表。

7月　二月河的《宝蟾因何斥香菱》在《中学生阅读（高中版）》第C1期发表。

8月　《祝您健康》第8期刊发了时仲省的《二月河：在疾病中完善自己》。文中写道，二月河因为身体原因，对写作和生活进行调整："在身体根本好转前不会再写作长篇，而是写一些短小的散文随笔，能写多少算多少。""平时，除了写一点短文，二月河还参加一些学术和社会活动；下午一般不工作，喝茶、散步、下围棋，看一些历史资料，以调节身心为主。"

9月5日　《郑州日报》第15版刊载了赵国锋的《一位著名作家和一个作家群的形成》。作者认为二月河对南阳作家群的形成有重要影响："如今这个群体的领军人物是二月河、周同宾，他们以其独特的审美视角、默默无闻的奉献精神和匠心独运的艺术手法；以对民族盛衰、国家兴亡和社会进退的深沉观照为己任；坚持从现实、过去和历史等不同角度对此进行深层的描写和剖析，创作出了一大批思想深邃、品位高雅、风格迥异、意蕴久远的精品佳作，在华人世界产生了相当大的影响，为中国文学史增添了重彩浓墨的瑰丽篇章。"对于"南阳作家群"的形成原因，文中写道："二月河补充道：自古以来文人相轻，但南阳的文人不是这样，这也是南阳作家群形成的一个重要原因。南阳作家无论年龄大小、名气大小，大家都很团结，在创作上互相鼓励、互相支持、互相学习，从不互相拆台。"

9 月　二月河的《父母之命，媒妁之言》在《中学生阅读（高中版）》第 9 期发表。

9 月　《魅力中国》第 27 期刊发了记者张效奎、张艳秋、魏嘉麟的《二月河家中议国事》。文中写道："当谈到对我国改革开放 30 周年的亲身感受时，二月河说，感受是深刻的，有很多事情是我们没有想到却发生了，而且结果是那样的令人满意，这不能不说是改革开放带来的巨大成效。""当谈到目前开展的思想大解放讨论的问题时，二月河认真地说，如果说 1978 年我国改革开放是我们从水里爬到岸上，那么，这一次思想大解放就是我们从山脚爬到山顶。"

10 月 15 日　《河南日报》第 16 版刊载了王钢的《近观二月河》。王钢在文中写道："这个军旅烽火之中诞生的孩子，精神摇篮是先天的粗糙和沉重，人生乳汁是先天的充沛和雄强，生命元气是先天的豪放和莽直……我看他的为人特点，是善于与大的打交道，不善于跟小的玩儿。这个大与小，不关势利，不涉世故，可以意会，难以言传。"该文后被《散文选刊》2009 年第 1 期转载。

10 月　二月河的《这一针刺下去》在《中学生阅读（高中版）》第 10 期发表。

10 月　二月河的《意外香严寺》在《中国铁路文艺》第 10 期发表。

11 月　二月河的《怡红院夺宠一幕》在《中学生阅读（高中版）》第 11 期发表。

11 月　《躬耕》第 11 期刊载了鲁钊的《凌解放能成为二月河，正是源于思想解放——二月河创作 30 年与改革开放 30 年》。文中写道："正是在当时思想大解放的萌动下，凌解放的胆量也大起来了，开始迈向了文学创作道路。""凭着长期的积累和顽强的毅力，遵循历史小说'大事不虚，小事不拘'和'不求真有但求会有'的原则投入创作。""康熙大帝的'大'是在改革开放之后才能理解的一种思维，是思想解放以后才能被得以认可的创作理念。"

12 月　二月河的《红楼琐点》在《躬耕》第 12 期发表。

2009 年　65 岁

7月22日，国务院常务会议通过《文化产业振兴规划》，这是继钢铁、汽车、纺织等十大产业振兴规划后出台的又一个重要产业振兴规划，标志着文化产业已经上升为国家的战略性产业。

1月　二月河的《凌解放怎样成了二月河》在《秘书工作》第1期发表。

2月　二月河的《"顺治出家"谜说（一）》在《紫禁城》第2期发表。

3月12日　《文学报》第3版刊载了记者陈竞、傅小平、金莹的《是危机，更是发展新机遇——全国两会作家代表、委员谈文化、民生》。文中写道："继去年为作家呼吁'免税'之后，全国人大代表、河南作家二月河这次则是当起了民营书业的代言人。在十一届全国人大二次会议上，他计划呈交的提案是《关于给民营出版以平等权益的建议》。""二月河建议：采取资本嫁接的方式扶持民营出版。在尊重市场规律的前提下，国有与民营合资成立出版公司。国有投资方行使控股权，掌握出版导向。民营公司则负责经营。如此则能使双方的优势得到充分发挥。""二月河还建议政府在政策上要大力扶持民营出版的发展，希望有关部门应当制定相关规章，在税收政策、经营环境、人才认定、银行资信等方面对民营书业进行扶持，实现全行业政策的一视同仁。"

3月13日　《工人日报》第6版刊发了鲁钊的《让更多的人买得起书读得起书——访全国人大代表、著名作家二月河》。谈起了2008年文坛沸沸扬扬的"作家免税说"。二月河直言，"作家免税说"，"是让更多人买得起书看得起书"。对职工的读书的想法，二月河说："工友们要多读书，以爱好、兴趣、实用为主，多去读一些杂书。"论及创作，二月河笑称："不写大部头的了，小打小闹，怡情养性而已。"

3月　《佛像前的沉吟》由河南文艺出版社出版。

《佛像前的沉吟》是二月河因身体原因，搁置小说创作，而随心所欲创作的散文随笔集，包括冬至况味、佛像前的沉吟、花洲情缘、历史的真实与艺术的真实等四部分。文章并不刻意谋篇和布局，也不注重文字的精雕细琢，而是展现自己的所见所闻所思所感。

3月　二月河的《"顺治出家"谜说（二）——孽海恨天》在《紫禁城》第3期发表。

3月　二月河的《红楼琐点》在《躬耕》第3期发表。

《佛像前的沉吟》封面

按：与发表在《躬耕》2008年第12期的《红楼琐点》题目一致，内容不同。

3月 《中国西部》第3期发表了《二月河：务外非君子，守中是丈夫》。文中写道："南阳卧龙岗一通石碑上有十个大字：务外非君子，守中是丈夫。这是二月河最喜欢的座右铭，也是他做人处世的态度。写书，本身就是一种'务外'的行为，不去追求世俗化功利，这是他写书要遵守的操守；而守中，是守好自己心灵纯洁的阵地。中，可以指中庸，更是指我们心里面的核心世界，指所有真理的内涵。"

4月14日 二月河的《我认识纪晓岚》在《解放军报》第

11 版发表。该文后被《杂文月刊（选刊版）》2009 年第 7 期转载。

4 月 19 日　2008—2009 年度中国中学生作文大赛总决赛暨颁奖典礼在河南郑州国际会展中心举行，二月河等人到场并见证本年度 20 名"文学之星"的诞生。在跟同学们交流写作经验时，二月河说："作文跟其他学科不一样，不是说努力就可以写好的。你们要多读书，尤其是经典名著，要多读，最好可以读原版。"

4 月　《长江文艺》第 4 期发表了周百义的《编著情谊二十载——我与二月河》。

4 月　二月河的《"顺治出家"谜说（三）——天涯之情》在《紫禁城》第 4 期发表。

4 月　《人民教育》第 7 期刊登了赵明河的采访文章《大器晚成二月河》。谈到成才，二月河认为："上帝是公平的，给每个人以不同的才能。关键是做老师的要善于发现、欣赏每一个学生的长处，尊重他们，引导他们，帮助他们树立生活的信心和目标，因材施教，扬长避短，发挥不同的才能，培养不同的人才。不应仅仅用分数这个标准去衡量每一个学生，更不应对学习不好的学生进行挖苦、讽刺，这样会在学生的心灵上投下难以抹掉的阴影，对他们日后成人、成才极为不利。""唯一的希望，就是希望青少年朋友能多读书，多读中国历史、哲学的书籍，多了解祖国的历史，特别是近代以来祖国和世界各国的兴衰历史。"

5 月　二月河的《顺治死在商丘?》在《紫禁城》第 5 期

发表。

5月 《解放军生活》第5期刊载了刘逄安的《二月河的军旅人生》。文中二月河说道:"十年的部队生活,锻炼了自己的意志和体魄,练就了如何执着地干好一件事情的功夫。这几年,多次有媒体采访我,我都谈到一个观点,就是没有这十年的军旅生活,可以说就不可能有二月河。因为部队的锻炼是潜移默化的,不需要老师来督促。这个社会就是老师、这个军队就是学校。""总而言之,在部队的十年,就是读书的十年。除了二十四史,先秦诸子百家,还有儒学、道教方面的文章都读了一些。这些阅读和积累,逐步提高了自己的古文修养。有些东西虽然不能全部读懂,但是读了以后,再来读明清人的笔记和手迹,就可以像读报纸那样得心应手,也可以写一些很完整的诗词和古文。""如果没有部队练就的好身板,培养和铸就的坚强意志,这个工程肯定是做不下来的。"

6月 《中国的"情人节"——七夕(外一篇)》在《躬耕》第6期发表。该文后被《散文选刊》2009年第12期转载。

7月 二月河著、蔡葵评注的《雍正皇帝·评注本(全三册)》由长江文艺出版社出版。

8月26日 《中国改革报》第8版刊载了李亚楠的《浸润灵魂成长的精神食粮》。文中描述了二月河的阅读史:"从初中到高中,怀抱文学梦的二月河读完了中国的四大名著,还有马克·吐温的小说、莱蒙托夫的诗等一大批外国文学作品。但当时的作品有限,让热爱文学的二月河相当苦恼。四大名著和

《雍正皇帝·评注本（全三册）》封面

《封神榜》、'三言二拍'等古代作品也就那么几本，外国翻译作品也读了差不多，社会上推出的小说，比如《林海雪原》《烈火金刚》《创业史》等也根本不能满足二月河的胃口：'再长的小说，废寝忘食地读，也就是几天，读过之后要空很长一段时间。'"改革开放后，中国的阅读空间大大拓展，二月河说："整个60年的发展可以说发生了翻天覆地的变化，过去我做梦也想不到会有这么丰富的精神食粮。"

8月　二月河的《王老五否极泰来——随笔素描人物志》在《躬耕》第8期发表。

8月　二月河的《怎一个"悔"字当得》在《中国铁路文艺》第8期发表。

8月　《西安石油大学学报（社会科学版）》第3期发表了黄国景、何希凡的《被遮蔽的诗性诉求——试析"帝王作家"

的"出世"情结》。作者通过对二月河小说文本及作家的访谈笔录的分析来探究二月河的"出世"情结。指出二月河秉承了道家"出世"思想的精神特质：追求自由旷达、推崇自我个性，崇尚"真朴"理想。

9月　《思维与智慧》第25期刊发了刘平家的《生命中的一记皮鞭》。谈到二月河成功的因素，文中写道："研讨会上著名作家的当头棒喝，对激发他的创作劲头起到了巨大作用。二月河说，这一声呵斥，犹如一记有力的皮鞭，抽疼了我的灵魂，催生了我奋起的决心。"

9月　二月河的《盐是人类的命根子——〈中国盐文化史〉序》在《盐业史研究》第3期发表。

10月16日　"2009诸葛亮文化活动周"在卧龙岗隆重开幕，二月河应邀参加开幕式。

10月　二月河的《我看〈大义觉迷录〉》在《紫禁城》第10期发表。

10月　《魅力中国》第30期发表了李向珂的《浅析〈乾隆皇帝〉中女性形象的塑造手法》。作者概括了四种塑造手法：按照《红楼梦》中塑造女性形象的范式来塑造女性形象，按照传奇的方式来塑造笔下的女性形象，用狂欢化的手法来塑造女性形象，用道家的思想来塑造笔下的女性形象。

11月　《学术交流》第11期发表了王笑菁的《试论宫廷叙事作品中的帝王师》。文章认为，二月河的"落霞"系列，虽在对帝王雄才大略进行肯定与美化的同时，也揭示出依附皇权生存的知识分子不由自主、难以善终的悲剧命运，但因对皇权下生存的知识分子的人生悖论缺乏足够的批判，只是一味赞赏伍次友的忠诚、邬思道的权术，结果使整个系列作品弥漫出浓重的奴才主义气息。

12 月 14 日　《新华每日电讯》第 7 版发表了记者梁鹏的《"二月河"遭抢注　"凌解放"很愤怒》。对于有人把"二月河"作为商标进行抢注，二月河谈了自己的意见："作为在社会上有一定知名度的作家，我本人对社会上有些人反复拿我的笔名'二月河'，在啤酒、饭店等类别上抢注商标，感到非常反感、气愤和无奈。假如这些商标注册得到国家工商总局（今国家市场监督管理总局）授权，消费者可能会误认为这些产业是我本人投资、参股或者授权许可的，会在社会上产生混淆、误认和某些联想，这对我本人的名誉权、文学创作、艺术声誉是一种严重伤害。"

12 月 25 日　南阳市红楼梦研究会会刊《掬红一叶》创刊，二月河任主编。

12 月　《平顶山学院学报》第 6 期发表了林虹的《鲜活丰满　别致——二月河笔下的文人学士形象》。文章认为，这些人物或史有其人，加以开掘渲染；或史无其人，加以虚构生发，表现了作者对传统文化的深刻理解和卓越的重构能力。作品通过这些人物探究封建君王的政治权术，即所谓的帝王之术，从而深刻揭示了封建政治文化的特点和根源。注意小说的娱乐消遣功能，继承了古代小说以生动曲折的情节推进故事、塑造人物的传统。

2010 年　66 岁

　　3 月 14 日，十一届全国人大三次会议通过《关于修改〈中华人民共和国全国人民代表大会和地方各级人民代表大会选举法〉的决定》。由此，全国实行城乡按相同人口比例选举人大代表。

　　4 月 1 日，中共中央、国务院制定《国家中长期人才发展规划纲要（2010—2020 年）》。

　　4 月 30 日，2010 年上海世界博览会举行开幕式。这是中国首次举办的综合性世界博览会。10 月 31 日，博览会闭幕。

　　7 月 8 日，中共中央、国务院印发《国家中长期教育改革和发展规划纲要（2010—2020 年）。

　　2 月　《中国税务》第 2 期刊发了勇雪莹的《"帝王"作家二月河的税收情缘》。作者认为，作为全国人大代表的二月河一直对国家税收和税制改革非常关注，曾多次提出取消农业税的建议，与税收有着不解之"缘"。"在深入研究历代税制的基础上，他利用作家的社会影响力，围绕'税费改革''取消农业税'等民生焦点、热点问题，诚恳地提出完善税制的建议，积极参加各种改善民生的公益活动，为进一步构建良好的税收工作机制和依法纳税的社会氛围建言献策。"

2月　二月河的《笑侃"过年"（节选）》在《同学少年》第2期发表。

2月　二月河的《大清换客》在《可乐》第2期发表。

按：该文摘自《康熙大帝》。

2月　二月河的《新大寨行述》在《中国铁路文艺》第2期发表。该文后被《散文选刊》2010年第4期转载。

2月　《故事家（微型经典故事）》第2期刊载了詹伟明的《拿下二月河》。文章主要讲述了编辑阿红想邀请著名作家二月河先生为杂志写一篇随笔，却碰了几次钉子。最后，她想出一个妙招。她用特快专递给二月河正在上高中的女儿寄去了两本样刊，并请小姑娘在父亲面前说几句话。三天后，阿红就收到了二月河先生谈论美女与装扮的随笔。所以作者在文末写道："其实，儿女才是父亲一生中最引以为豪的作品。"

3月10日　《南方日报》第F02版刊发了朱迅垚的《应该设立中国特色的诺贝尔文学奖么（吗）》。文章指出，二月河在接受采访时提议："应该设立中国特色的诺贝尔文学奖——如同国家最高科学技术奖一样的国家最高文学奖。"二月河的出发点是用这种重奖可以激励原始创作。

3月23日　中央电视台《二月河访谈》播出，二月河说：

二月河接受《国家电网报》采访并题字

"南阳是一座有着深厚文化积淀的古城，从古代的韩愈、岑参、范仲淹，到近现代的姚雪垠、李季等，以及现在全国闻名的南阳作家群，千百年来许多名扬天下的文人都出现在这里，可以说南阳的历史文化深刻地影响着二月河的过去和未来。"

3月23日　二月河做客央视大型励志谈话节目《奋斗》。

3月28日　《中国纪检监察报》第4版刊载了田永清的《我认识的二月河》。作者和二月河是交往多年、过从甚密的好朋友，对二月河有了比较深入的了解。文章以"二月河是谜面，凌解放是谜底""军旅十年：苦其心志，劳其筋骨""他最喜欢的一副对联：务外非君子，守中是丈夫""他像一个梁山好汉式的人物"等为小标题讲述了作者认识的二月河。

3月　二月河任广东海洋大学客座教授。

4月　二月河任湖北省第二届"长江杯"网络小说大赛评委。

5月9日　《中国文化报》第3版刊载了鲁钊的《杨柳二月访春河——作家二月河谈读书创作》。文中写道："论及新年的读书创作，二月河欣然一笑说，我现在已是年高体弱，所以读书也就没有了过去那样的专一性、针对性、连续性，而是感兴趣了就翻翻看看，没有兴致就扔到一边。""二月河说，朋友们要多读书，读杂书，以爱好、兴趣、实用为主，多去读一些杂书。"

5月　二月河的《河南，永远的文化热土》在《两岸关系》第5期发表。文中写道："我们华夏民族文化好比一条横亘世界的大江流，这条江的源头和主航道在哪里？在河南。……我的人文精神之本在河南。……二月河的'河'不指其他任何河，就是这么一条黄河，盘踞与横亘在河南这片热土。"

5 月　《课堂内外创新作文（高中版）》第 5 期发表了于成的《人生低谷时的成功法则》。文中介绍，如果没有在部队的自学经历，就没有后来名满天下的二月河。二月河在 21 岁时跌入了人生最低谷，又在不惑之年步入巅峰，从超龄留级生到著名作家，其间的机缘转折，似乎有些误打误撞。但二月河不这么理解，他说："人生好比一口大锅，当你走到了锅底时，只要你肯努力，无论朝哪个方向，都是向上的。"

7 月　《青岛文学》第 7 期发表了周同宾的《丹青二月河》。作者描述了与二月河的交往以及为"我"画桃花的缘由及经过。

8 月 3 日　中国红学会成立 30 周年庆祝会在北京凤凰岭举行。二月河出席此次红学会议并登台发言，谈到和红学会的关系，发挥了自己的幽默天赋，说自己是因《红楼梦》而"硬着陆"成功。

8 月　二月河的《百花洲情缘》在《文苑（经典美文）》第 8 期发表。《中国铁路文艺》2011 年第 7 期也曾刊发此文。

9 月　《华人时刊》第 9 期刊载了郭远庆、姚二壮的《二月河谈孩子读书》。二月河认为经典名著才是孩子们阅读的重点："读名著的好处有很多。中国的四大名著就不说了，《聊斋志异》也非常不错。如果让你的孩子学古文，最好从《聊斋志异》开始。因为《聊斋志异》有故事、有情节，孩子读起来容易产生兴趣，读完之后文言文也学了。"

9 月　二月河的《昔阳石马寺》在《中国铁路文艺》第 9 期发表。

9月　《宿州学院学报》第9期发表了丁怡琴的《论儒家思想对二月河"清帝系列"创作的渗透》。文章主要从儒家伦理思想和积极入世精神两个角度分析了儒家思想对二月河清帝系列创作的渗透，前者主要通过作者塑造的一系列圣君贤臣形象来彰显，后者主要通过一批优秀士人行为来表现。

9月　《小说评论》第5期发表了刘起林的《历史文学的"盛世情结"及其文化生成》。文章认为，二月河的《康熙大帝》和《雍正皇帝》等力作巨制，逐步将审美重心转移到了对帝王将相和王朝历史盛衰本身的思考上来。这类长篇小说大量涌现，而且大多以篇幅浩繁的多卷本形式出现，力图形成一种史诗的风范与气势，再加上电视剧改编的巨大影响和一些同类题材电影的出现，一种关于中华民族历史发展的"盛世情结"，就以相当成熟的审美形态表现出来，成为长久持续的文学创作热点和社会关注焦点。

10月26日　二月河的《人生三论》在《黄河晨报》第7版发表。该文后被多种期刊转载，如《思维与智慧（下半月）》2011年第2期、《视野》2011年第9期、《中国钢笔书法》2011年第10期、《出版参考（新阅读）》2011年第11期、《党政论坛（干部文摘）》2011年第12期、《山西老年》2012年第6期、《阅读与作文（高中版）》2012年第12期等。

10月　《中国铁路文艺》第10期刊载了鲁钊的《发现二月河》。文章讲述了二月河与顾仕鹏、周百义等编辑的交往。指出二月河是位很重交情的作家，他不忘顾仕鹏、周百义等老师的知遇之恩，并给予他们高度的评价："就我今天在文坛上的位置，当然有不少出版家给我以青目，可我特别看重如上几位先生朋友，是他们为一个陌生初起的作家修桥造路，搭建人间真情的桥，撑起社会人文的脊梁。"

11月18日 《河南日报》第8版刊发了阙爱民、鲁钊的《中原文化繁荣得天独厚——访中国作协主席团委员、著名作家二月河》。对于"中原作家群"这种提法，二月河连声称好。"过去都称呼'文学豫军'，还是'中原作家群'有气势！""二月河认为，文化大繁荣、大发展的时机已经来临，理由有四：一是政治清明，空前宽松。二是现代科技介入，使人人享有文艺创作的权利。一个手机群发，或者放到网络上，铺天盖地，天下尽知，已到了全民创作的时代。三是群众文化活动自觉开展。每天清晨直到深夜，公园河畔，大街小巷，群众吹拉弹唱，健身娱乐，为文化繁荣提供了沃土。四是文化融合优势到了最好时期。不仅是国内的文化融合，还有中西文化融合，带来了绚丽多姿的文化发展。"中原文化繁荣有"四大引擎"：一是中原优秀传统文化，二是中原经济发展优势，三是中原文化人才，四是党和政府的重视支持。"二月河表示，有生之年要不遗余力地弘扬中原文化，做一个传播中原文化的'老艄公'。"

12月20日 《检察日报》第7版刊载了张有成、刘娜、邱文柄的《全国人大代表二月河说："不虚此行"》。12月1日，为期三天的"检察开放日"在河南省南阳市检察机关拉开帷幕。全国人大代表、著名作家二月河用"不虚此行"来形容自己参加这次活动的感受。他说："南阳市检察院在加强监管场所管理、打击牢头狱霸采取的举措，让阳光检察的光芒照进了高墙内，是阳光司法和人性光辉的完美结合，阳光检察暖民心。参加这次活动，感触很多，不虚此行，为我今后的创作提供了许多好的素材。"

12 月　《意林（原创版）》第 12 期刊载了鲁钊的《三句话受用终生》。文中记录了二月河回忆母亲的让其受用终身的三句话：一是丝瓜豆荚长得快，一晚上就能长一大拃，水杉长得慢，但最后长得高长得壮的是水杉——人不怕成长慢，只要在努力不停地长。二是丝瓜豆荚尽管长得长，却靠攀附树木，没有对别的树木的攀爬，它就长不成——人不要靠攀附别人，得靠自己。三是桂花不嫁接，就是丛生，长不成大树，嫁接后，才能长成桂花树——人要学习，通过学习，去转换自己，发展自己。

2011 年　67 岁

2 月 25 日，十一届全国人大常委会第十九次会议通过《中华人民共和国非物质文化遗产法》。

7 月 1 日，胡锦涛在庆祝中国共产党成立 90 周年大会上讲话指出，经过 90 年的奋斗、创造、积累，党和人民必须倍加珍惜、长期坚持、不断发展的成就是：开辟了中国特色社会主义道路，形成了中国特色社会主义理论体系，确立了中国特色社会主义制度。

10 月 18 日，中共十七届六中全会通过《关于深化文化体制改革推动社会主义文化大发展大繁荣若干重大问题的决定》。

1 月　冯其庸著《冯其庸文集》由青岛出版社出版。冯其庸在《龙腾虎跃　波谲云诡——读长篇系列小说〈康熙大帝〉》中说："大至帝皇之家、天潢贵胄、纷乱繁复的朝局政务，小至京华物情、市井屠沽以及儿女子媳细碎嘲谑、家庭杂事，纵横跌宕，起伏波澜，无不形声绘色，笔笔俱到。"①

4 月 二月河的《过清明 有所思》在《中国铁路文艺》第 4 期发表。

5 月 24 日 二月河担任聊城大学的名誉教授。

5 月 《中国铁路文艺》第 5 期刊载了路漫漫的《"食前方丈"二月河》。文中写道："'能吃'是二月河自己亲口承认并写下文字发表的'定论'，在他心中，'能吃'是'能干'的物质基础，这并不是什么缺点或难言之隐，顿餐斗米，那是本事。"

6 月 8 日 《中华读书报》第 14 版刊发了记者舒晋瑜的《影响作家一生的童年阅读》。文中谈到二月河少时读《西游记》："《西游记》使我养成活泼跳脱的思维习惯。从《西游记》的结构来讲，我不是很欣赏，一个个故事连在一起，给人印象就像山楂一样穿成一串，这种结构艺术性不够，这是后来的事了。《西游记》的语言也很活泼，表述事物的能力很强，尤其是对明代的一些东西，对管理制度、人神佛之间的关系，在其他书里找不到。"

6 月 26 日 二月河受聘为郑州大学文学院院长。郑州大学党委书记郑永和教授，中国科学院院士、郑州大学校长申长雨教授及河南文联党组书记吴长忠出席聘任仪式，并给予二月河高度评价。

6 月 27 日 二月河正式出任郑州大学文学院院长，捐赠设

---

① 冯其庸：《冯其庸文集 卷三 文心集》，青岛出版社，2011，第 266 页。

郑州大学校长申长雨（左）向二月河（右）颁发聘书

立"二月河奖学金"。

7月18日　《河南日报》第3版发表了阙爱民、刁良梓的《为中原经济区建设提供精神动力》。文中写到7月15日，作家二月河接受记者采访时说："李文祥的精神内涵，是与当下我们正在建设的中原经济区相匹配的人文精神，它赋予中原经济区建设以强大的精神动力。"

8月29日　《人民日报》（海外版）第7版刊发了鲁钊的《文化厚重与敬惜字纸》。文中指出，二月河对一字一纸都敬重："敬惜字纸，要知开卷有益，每本书都可以告知你不知道的东西。""南阳文化何以源远流长，厚重广博，可能与久远的可贵的氛围有关。对字纸的珍敬，甚至对一片废纸的爱惜，充分反映了中原乡民对文化的爱敬。"

9 月 30 日 《中国新闻出版报》第 8 版刊发了记者韩为卿的《二月河：人生就像抛物线》。二月河认为应"鼓励原创文学"："河南文化的发展之路应该是把这里独一无二的东西传扬出去，构建中原经济区，也不是单纯地、片面地去追求经济，而是要从文化等诸方面去建设花团锦簇、金尊玉贵的中原经济区，与文化发展相匹配。"二月河表示："人生就像抛物线，上升很漂亮，坠落之时也有曲线。我已经有 30 年的时间夜里 3 点之前没有睡过觉了。这些作品，这些书的价值，由读者、由时间说了算，我很乐意把批评、意见当成生产力。"

10 月 15 日 党的十七大代表、全国人大代表二月河受邀参加在北京召开的中共十七届六中全会。

10 月 二月河著、凌晓编选的《随性随缘》由长江文艺出版社出版。

《随性随缘》是二月河的随笔散文集，收录了他自 2009 年以来两年间所写的 65 篇散文随笔。在《随性随缘》中，二月河谈读史心得、人心世情、旅游见闻、佛理禅机等，跟以往的作品一样——"列大话题，谈大想法，展大胸怀，现大笔法"。

10 月 鲁钊著《直面"皇叔"二月河》由河南文艺出版社出版。这本书主要包括"河之源""河之曲""河之清""河之泱""河之润"以及"在河边（跋）"等，是一部多角度、全方位揭秘二月河的著作。图文并茂，具有很高的参考和收藏价值。

《随性随缘》封面

11月　《中华儿女》第 22 期刊载了傅祎男的采访文章《二月河　培植心中永不凋谢的玫瑰花》。采访中，二月河谈到读书，他说："读书积累，人生就像美丽的弧线。"谈到他的创作，他说："'落霞三部曲'，解读华夏文化需要健康思维。"谈到文化改革，他认为："文化的发展和繁荣对于一个民族至关重要，是精神力量的一种寄托，是整个民族精神和凝聚力的体现，关系到一个民族能否在世界民族之林中站住脚，能否持久和永恒地发展。"

12月　电视剧《康熙王朝》获得中国电视剧产业二十年"百部优秀电视剧"奖。

12月　《文教资料》第 36 期发表了樊金丰的《浅析〈雍

正皇帝〉对大众心理的关（观）照》。该文认为，二月河的《雍正皇帝》从对大众心理的观照出发，改写帝王的形象，满足大众的好奇心和求知欲；描写权力斗争，迎合大众的权势崇拜心理；通过营造历史氛围，满足大众对历史的兴趣。

2012 年　68 岁

8 月 17 日，中共中央组织部等 11 个部门联合发出通知，启动国家高层次人才特殊支持计划。

11 月 8—14 日，中国共产党第十八次全国代表大会召开。大会通过的报告《坚定不移沿着中国特色社会主义道路前进，为全面建成小康社会而奋斗》，确定全面建成小康社会和全面深化改革开放的目标，阐明中国特色社会主义道路、中国特色社会主义理论体系、中国特色社会主义制度的科学内涵及其相互联系。大会通过《中国共产党章程（修正案）》，把科学发展观同马克思列宁主义、毛泽东思想、邓小平理论、"三个代表"重要思想一道确立为党的指导思想并载入党章。

11 月 15 日，中共十八届一中全会选举习近平为中央委员会总书记，决定习近平为中央军委主席，批准王岐山为中央纪委书记。

11 月 29 日，习近平在国家博物馆参观《复兴之路》展览时指出，实现中华民族伟大复兴，就是中华民族近代以来最伟大的梦想。2013 年 3 月 17 日,习近平在十二届全国人大一次会议闭幕会上讲话指出,实现中华民族伟大复兴的中国梦,就是要实现国家富强、民族振兴、人民幸福。实现中国梦,必须走中国道路、弘扬中国精神、凝聚中国力量。

12 月 4 日,中共中央政治局会议通过《十八届中央政治局关于改进工作作风、密切联系群众的八项规定》。

3 月 9 日 《中国水利报》第 1 版刊载了李先明、陈静、毕鹏飞、王延荣的《一个国家必须要有水利支撑——访全国人大代表凌解放(二月河)》。谈起对水利的认识,二月河十分肯定地说:"一个国家必须有水利支撑!"他补充说:"每一次的政府工作报告中都能感受到党和政府对水利的高度重视。"回忆起儿时的黄河,二月河眼里闪烁着温暖的光。"小时候整夜都可以听到黄河的咆哮声。那时黄河同时肩负着航运任务。我曾写文章专门比较过伏尔加河上的纤夫和黄河上的纤夫。伏尔加河上的纤夫像知识分子,脸色苍白,神情忧郁。黄河上的纤夫总是油光光的,漫天晚霞照在身上,亮晶晶的,喊着完全听不懂的号子。"

3 月 《中华商标》第 3 期刊发了"作家二月河胜诉商标维权案"的消息,文中写道:"河南省知识产权局透露,经过两年的维权诉讼,'二月河'商标注册纠纷维权案近日以二月河维权完胜告终,国家工商总局商标局裁定不予核准注册'二月河'。"

4 月　二月河的《说偏心眼儿》被《读书文摘（上半月）》第 4 期转载。

5 月 17 日　《吉林日报》第 19 版刊发了张光茫的《像土地般厚实——我所知道的二月河》。文中谈道，二月河就像他小说中的人物一样，经历了平淡寂寞、大红大紫和重回平淡的种种状态，他始终都是一个朴实、憨厚、淡泊、随和的人。二月河说："写作带走了我的青春，带来了名誉，有好有不好。就像菜里的味精，不能当饭吃，没有也没味。最初有被腐化的感觉，最后是麻木了。现在更愿意别人用平实、平等的眼光把二月河看成平常人，回归到不成名的状态。"二月河的厚积薄发，使他的三部小说厚重、耐读，又具有历史小说的神秘感。

5 月　《牡丹》第 5 期发表了孙荪的《文学豫军论》。论及二月河，作者指出："二月河的写作追求悬有两个目标：一是以传统的章回体例、现实主义手法写一部中国封建社会百科全书式的小说；二是对两千年的封建帝制作一次解析和评估。"

5 月　二月河的《"收"与"散"》在《新一代》第 5 期发表。

6 月　二月河的《文人无行》在《神州》第 16 期发表。

7 月　二月河当选中国共产党第十八次全国代表大会代表。

7 月　二月河的《端午节话五月》在《中国铁路文艺》第 7 期发表。

8 月　《第二课堂（高中版）》第 8 期刊载了薛峰的《二月河乐于吃苦》。文中谈到面对成功，二月河表示："鲜花、掌声、微笑都很好，但这些都是作料，人总不能把味精当饭吃。自己付出了如同在寂寞中穿越沙漠苦功写出的作品，读者尊重你，不就因为你这一点吗？除了这还有什么呢？我急于回到寂寞中去继续吃苦。"

8 月 《农村·农业·农民（A 版）》第 8 期刊发了韩为卿、董志国的《二月河"淘书"》。文中谈到，二月河从废品站"淘书"，源于他向"破烂王"买书的故事。"废品站里的'淘书'，也为他创作宏大繁杂的'落霞三部曲'奠定了坚实雄厚的基础。"

9 月 《中国财政》第 17 期刊发了王静君、韩海平的采访文章《"人们须臾不能离开的只有财政"——专访全国人大代表、著名作家二月河》。8 月 23 日下午，二月河接受了该刊记者的采访。二月河从历史的、政治的、经济的、文化的角度阐释了自己心中的"财政精神"。二月河先生开门见山地谈了自己对"精神"一词的理解："现在全国很多地方、很多行业在做精神提炼的活动，精神其实就是一种核心价值观，是用最简练的语言表述一种道德规范和职业规范。对我们整个华夏民族而言，这是一件相当困难的事，56 个民族各有各的文化，各有各的文化理念，每个文化里面内在的思维连接和理论性连接都是各自成体系的。所以说，如果让我们总结整个中华民族的核心价值观是一件非常困难的事情。"对于财政部门开展"财政精神"提炼活动，他表示十分赞赏。"二月河先生认为财政文化的精神内核一定要符合每一任政府的总体使命——为人民服务。……他还着重强调了‘廉洁谨慎’的重要性。”“每一天、每一时与人民的生活密切相关，不可以须臾离开的只有财政，这就是财政工作与其他任何一种工作不同的地方。”

11 月 12 日　《文艺报》第 1 版刊载了王觅的《文化面临难得的发展机遇——访党的十八大代表、中国作协主席团委员二月河》。作者写道：“在二月河看来，我国的社会主义文化面临着难得的发展机遇，至少可以从四个方面来看。一是当下政治空前宽松，经济飞速发展，为文化的发展提供了良好的环境。二是当代科技介入了普通人的生活，打破了专业作家创作的‘垄断权’，这是非常好的变化。……三是普通民众文化生活的普及。……四是西方文化的交流和传播，为我们创造了良好的文化交融优势。如历史上，唐诗宋词等无不是文化交融优势的产物。正是由于有这四个方面的机遇，我国文化大发展大繁荣是历史的必然趋势。二月河说，我们的文化发展面临着空前的机遇，但同时也面临着空前的挑战，如互联网的介入和西方文化对中华文化的侵蚀都是空前的。如果我们能发扬中华民族文化自身的强大优势，发展我们的文化事业、文化产业，创造文化品牌，推动更多优质文化产品的出现，就可以抗衡和抵御西方文化的侵蚀，我们的文化发展就有了更好的基础和前景。”

11 月 13 日　《新华每日电讯》第 8 版刊发了任沁沁、钱彤的《在历史与现实间“穿越”》。文中写道：“在历史小说家的标签之外，还有着全国人大代表和中共党代表的双料身份。从历史到现实，从文化到政治，看似跨界，二月河却在角色间游刃有余。""他更愿意称自己的'帝王系列'为'落霞系列'，'封建社会经历过辉煌璀璨，却也存在落后与腐朽。在落霞之后，迎来的必是曙光'。二月河说，以史为鉴，执政者要看清楚哪些文明要坚持继承，哪些要坚决摒弃。"

12 月　《农村·农业·农民（A 版）》第 12 期刊发了路漫漫的《居住在厚实的温情里》。文中介绍，"皇帝作家"二月河是中原文化的一张名片。南阳市领导敬重他，希望在卧龙岗上为他建新居室并纪念馆，二月河婉拒：小院住得自在，舍不了。舍不了，有其好。二月河心中，激荡着南阳人对他的敬重、对他的热爱的回馈之情，回味着南阳人那种厚实质朴的温情之美。二月河曾回应香港记者"是否到外地发展"说："南阳是世界上最适合我生活的地方，我不会离开。"

2013 年　69 岁

3月3—12日，全国政协十二届一次会议召开。会议选举俞正声为全国政协主席。

3月5—17日，十二届全国人大一次会议召开。会议批准《国务院机构改革和职能转变方案》。会议选举习近平为国家主席、国家中央军委主席，张德江为全国人大常委会委员长，决定李克强为国务院总理。

3月11日，习近平在出席十二届全国人大一次会议解放军代表团全体会议时讲话指出，建设一支听党指挥、能打胜仗、作风优良的人民军队，是党在新形势下的强军目标。

3月23日，习近平在俄罗斯莫斯科国际关系学院发表演讲，强调人类越来越成为你中有我、我中有你的命运共同体，呼吁各国共同推动建立以合作共赢为核心的新型国际关系。2015年9月28日，习近平在纽约联合国总部出席第70届联合国大会一般性辩论并发表讲话，提出携手构建合作共赢新伙伴，同心打造人类命运共同体。2017年1月18日，习近平在日内瓦万国宫出席"共商共筑人类命运共同体"高级别会议并发表主旨演讲，主张共同推进构建人类命运共同体伟大进程，坚持对话协商、共建共享、合作共赢、交流互鉴、绿色低碳，建设一个持久和平、普遍安全、共同繁荣、开放包容、清洁美丽的世界。

6月28日，习近平在全国组织工作会议上讲话，明确提出信念坚定、为民服务、勤政务实、敢于担当、清正廉洁的好干部标准。

8月19日，习近平在全国宣传思想工作会议上讲话指出，要巩固马克思主义在意识形态领域的指导地位，巩固全党全国人民团结奋斗的共同思想基础。我们正在进行具有许多新的历史特点的伟大斗争，面临的挑战和困难前所未有，必须坚持巩固壮大主流思想舆论，弘扬主旋律，传播正能量，激发全社会团结奋进的强大力量。

12月11日，中共中央办公厅印发《关于培育和践行社会主义核心价值观的意见》。指出，富强、民主、文明、和谐，自由、平等、公正、法治，爱国、敬业、诚信、友善，是社会主义核心价值观的基本内容。

1月 《人民文摘》第1期转载了王南方的《二月河的母亲》。文中写道："二月河的母亲马翠兰是老八路。解放战争时期，她跟随部队转战南北，出生入死，练就了一身男人都少有的作战本领。母亲的特殊身世，二月河从一出生就在生命中烙下了印记。""母亲虽然早早地离开了二月河，但在她那短暂的一生中，留下的坚强意志和克服困难的毅力，令二月河终身受益。"

1月　二月河的《闲话密折》被《青年博览》第2期转载。该文还被《读书文摘（上半月）》2013年第5期等转载。

2月　二月河当选第十二届全国人民代表大会代表。

3月4日　《中国旅游报》第8版刊载了鲁钊的《让旅游闪烁出最美的文化光芒——第十二届全国人大代表、著名作家二月河访谈》。文中写道："二月河说，发展中原旅游，文化是最好的基础和支撑，要发挥中原文化厚重博大的优势，挖掘弘扬文化，将河洛文化、宗教文化、古都文化、饮食文化、根源文化、文字文化、姓氏文化等文化融入旅游之中，让旅游闪烁出最美的光芒。"

3月11日　《中国经济时报》第6版刊发了记者张孔娟的《亟须解决文化原创动力不足的问题——全国人大代表、著名作家凌解放呼吁》。二月河在接受《中国经济时报》记者专访时表示，随着近年来国家不断出台支持文化事业发展的政策，文化事业和文化产业发展进入了空前的机遇期，同时也面临着外来文化、网络文化的冲击及文化原创动力不足的挑战。二月河说："我国文化发展进入多元化时期，面临四个方面的机遇和挑战。一是文化的发展遇到了一个空前宽松的政策环境。二是现当代科技和新媒体的介入，随着互联网的普及，网络文学、博客、微博等拓展了文化发展空间和平台。三是文化的诉求不断提高，各种各样的群众性、自发的文化活动普遍开展，给文化发展和繁荣提供了合适的土壤和环境，浓厚的文化发展氛围、全民性的文化活动必将给文化自身发展提供一个广阔的前景。四是外来文化的介入，促进了我国56个民族在和平环境下，实现更大范围内的文化自由融合、交汇，这种融合必将产生强大的文化价值模式。"二月河表示："文化发展目前面临两个难题，即文化管理更加复杂和文化原创动力不足。"二月河建议："应设立重奖，并形成一种常态化的机制，鼓励文化工作者创作出高水准、能够震撼人心、经得起历史和读者考验认可而能长期流传的作品，提高文化工作者的社会地位，使他们有尊严地从事文化作品的创作。"

3月16日　由记者沈小根整理的二月河的《解决好弱势群体的"精神饥饿"》在《人民日报》第9版刊出。

3月21日　二月河做客河南卫视《金色梦舞台》。

3月　《协商论坛》第3期刊发了记者杨佩的《"精神饥饿"的背后，是阅读缺失》。二月河多次发言表示书籍不能让穷人望而却步。"读书与国民文化素质密切相关。"二月河认为，为弱势群体提供精神食粮，关键是要降低消费门槛。"相关政府部门能否研究一下，对通俗的、大众的文化产品适当补贴，以降低文化产品的价格，让弱势群体消费得起，解决他们的'精神饥饿'问题。另一方面，正版价格下来了，挥之不去的盗版问题也会迎刃而解，进而起到净化文化市场的作用。"

3月　《决策探索（下半月）》第3期刊载了记者郭林涛、冯春久、王晓雅的《2013两会热点盘点》。在两会期间，"网络

二月河做客河南卫视《金色梦舞台》

反腐"再成热词。二月河说："网络反腐我注意到了，也的确很有成果。""网络查出来的是漂在上面的渣滓，那些不够聪明的人才会戴个名表在灾害现场微笑，用我们正常人的智商说，本身他就是个笨蛋。""我们有专门的纪检监察机构查处贪腐行为。""如果透明度能再提高点，效果肯定会有所不同。"

　　4 月 12 日　北京电视台的《文化之约》节目推出"'帝王之作　平民之路'——作家二月河专访"。节目现场，二月河分享了他跌宕起伏的人生之路和他对历史的独特感悟。

　　4 月　栾川县相关部门编写《中国栾川》一书，考虑到二月河在栾川生活过，他们想请二月河为该书作序。随后，《中国栾川》的作者通过赵跟喜与二月河取得联系，二月河邀请他们到家里面谈。

6月18日 二月河来到邓州，以中国红学会理事的身份和张庆善、孙玉明、孙伟科等学者一起参加了邓州红学会成立五周年大会。

7月20日 《人民法院报》第7版刊载了卢国伟、田莹的《二月河 "帝王作家"的法治中国梦》。文中介绍，二月河在创作之余对我国的法治建设、法院工作非常关注，有许多独到的见解。二月河说，自从习近平总书记上任以来，一幅令人喜悦、向往的中国梦展现在国人面前。中国梦包含了老百姓对政治昌明、法治建设进一步加强的憧憬和期望，也可以说是法治梦。在二月河看来，改革开放的三十多年，是中国从人治走向法治的过程。

7月24日 《中国文化报》第4版刊发了鲁钊的《大家间的 "道不同"——二月河与姚雪垠争鸣往事》。文中谈及姚雪垠和二月河，由于当年时代的局限、阶级论在思想上的残留、写作认知上的偏差有别，两位大家间有过一次正常文学讨论和争鸣。文中写道："姚雪垠是写明末农民起义的，而二月河是歌颂清朝康乾盛世的。……道不同不相与谋。可以推测，姚雪垠知道二月河是写清史后，尤其是唱赞歌，颂盛世，把康熙推崇为'大帝'，在爱屋及乌的心理下，可能恨屋也及乌，就对二月河产生了反感，冷淡有加了。"

7月28日 《河南日报》第2版刊载了冯芸、赵胜男的

《为见义勇为者提供更多社会支持——河南青年英雄辈出，专家呼吁》。近期以来，河南青年英雄群体的先进事迹在中原大地流传。二月河在为家乡不断涌现出这些优秀英雄群体自豪的同时，也在追寻河南青年英雄群体产生的深层次原因。二月河认为，无论是夸父追日这样歌颂英雄的神话传说，还是岳飞、彭雪枫等民族大义之士，他们在历史长河中积淀和形成的英雄主义精神影响着一代又一代的中原儿女。

10 月 31 日　二月河的《医门之仲景与儒门之孔子》在《中国中医药报》第 4 版发表。

10 月　《中华魂》第 20 期刊登了鲁钊的《二月河孝父"如意"讨欢心》。文中谈到二月河对父亲挂在心上："那是一次二月河应邀到外地讲学，休息时在宾馆门口溜达，看到路边有人叫卖如意，就给老父买了一柄。这小物件既吉祥又实用，虽然不甚值钱，但事在心意不在乎物贵物贱。回家拿给父亲后，果然老父很是喜欢。""一件小小的木如意（挠痒刷），也蕴含着二月河对父亲的一片孝心。"

12 月 16 日　《中国经营报》第 D03 版刊发了袁媛的《一场关于红楼的对话》。二月河说："我在创作过程中，讲究两个'真实性'。一个是历史的真实性，一个是艺术的真实性，历史的真实性和艺术的真实性进行双重的整合……这种写作方式，也是我模仿学习《红楼梦》的写法。《红楼梦》本身反映了当时整个社会的大真实，但里面的故事又都是虚构的。把当时整体的社会气氛渲染出来，以及阐述这种社会气氛下产生悲剧的历史必然性，这也就是它的伟大之处。"

12 月 18 日　河南电视台政法频道、方圆网《人物会客厅》栏目组对话二月河，畅谈中原孝文化。这次访谈是《人物会客厅》栏目组策划的"中原文化十八谈"系列活动的开篇——南阳篇，影响深远、意义重大。河南电视台政法频道《法治现场》品牌推广部主任范戈、方圆网总监黄天一、《人物会客厅》栏目总制片人赵迅、万家园集团董事长邢清鑫、中国玉器雕刻大师刘晓波等嘉宾也悉数到场。二月河在访谈现场与在座的所有嘉宾分享了他对传统意义上"孝"的理解，同时也列举了多个他帝王著作中关于"孝"的典故，让大家进一步了解到当今社会更应该继承、发展和弘扬孝文化，这是传播社会正能量、实现伟大中国梦的重要途径，永远不过时。在场的嘉宾也异常活跃，纷纷提出自己对"孝"的看法，与二月河进行对话。

12 月　被推选为河南省文联名誉主席。

2014 年　70 岁

2 月 27 日，习近平在中央网络安全和信息化领导小组第一次会议上讲话指出，努力把我国建设成为网络强国，强调要把握好网上舆论引导的时、度、效，使网络空间清朗起来。

2 月 27 日，十二届全国人大常委会第七次会议通过《关于确定中国人民抗日战争胜利纪念日的决定》，将 9 月 3 日确定为中国人民抗日战争胜利纪念日；通过《关于设立南京大屠杀死难者国家公祭日的决定》，将 12 月 13 日设立为南京大屠杀死难者国家公祭日。

3 月 9 日，习近平在参加十二届全国人大二次会议安徽代表团审议时强调，各级领导干部都要树立和发扬好的作风，既严以修身、严以用权、严以律己，又谋事要实、创业要实、做人要实。2015 年 4 月 10 日，中共中央办公厅印发《关于在县处级以上领导干部中开展"三严三实"专题教育方案》。

9 月 5 日，习近平在庆祝全国人民代表大会成立 60 周年大会上讲话指出，坚定中国特色社会主义制度自信，首先要坚定对中国特色社会主义政治制度的自信，增强走中国特色社会主义政治发展道路的信心和决心。

9月21日，习近平在庆祝中国人民政治协商会议成立65周年大会上讲话指出，社会主义协商民主，是中国社会主义民主政治的特有形式和独特优势，是中国共产党的群众路线在政治领域的重要体现。在中国社会主义制度下，有事好商量，众人的事情由众人商量，找到全社会意愿和要求的最大公约数，是人民民主的真谛。

10月15日，习近平主持召开文艺工作座谈会，强调只有牢固树立马克思主义文艺观，真正做到了以人民为中心，文艺才能发挥最大正能量。

12月31日，中共中央办公厅印发《关于加强中央纪委派驻机构建设的意见》。2015年11月20日，中共中央办公厅印发《关于全面落实中央纪委向中央一级党和国家机关派驻纪检机构的方案》，实现对中央一级党和国家机关派驻纪检机构全覆盖。2018年10月21日，中共中央办公厅印发《关于深化中央纪委国家监委派驻机构改革的意见》。

1月　二月河的《西游的味道》被《青年博览》第1期转载。

1月　《小说评论》第1期发表了范阳阳的《从二月河的"落霞三部曲"看90年代文学场》。该文为我们还原了一个20世纪90年代的文学现场。他讨论的是，通俗文学如何被形成于

20世纪80年代的纯文学机制拒绝，继而被国家意识接纳，而后者恰恰又没把它们当作文学来看待的现象。在这种复杂缠绕的多重关系中，作者力避主观性的判断介入，以丰富材料来钩沉二月河从"红学研究"到"历史写作"的历程，辨析作家获得"文人资格"的曲折和艰难，某种程度上对这一领域进行了推进性的研究。他接着观察二月河在文坛遭遇挫折后，如何绕过文学界的评判，有意无意地借助市场力量来获得大众文化的声援。而大众文化根深蒂固的历史潜意识，就这样呼应了通俗文学的兴起，赋予它历史地位。文章重新呈现了20世纪90年代国家文化与大众文化蔚为壮观的合流趋势，这趋势中铭刻着当时人们期待"明君贤臣""改革强人"模式的历史印迹。

3月2日　驻豫全国人大代表抵京，河南团人大代表、著名作家二月河接受了《大河报》采访。在谈及河南人的精气神时，二月河说，河南人是创造中国灵魂美的工程师，是中华民族文化之父。

3月8日　《中国纪检监察报》第1版刊发了记者王少伟的《为医治"社会糖尿病"开方》。在文中，二月河说："可以以史为鉴，把古今清廉之士的故事变成领导干部的教科书，将各地先进典型的事迹当作公务员的必修课。"二月河代表主张，医治"社会糖尿病"，要在加强官德教育的同时，完善反腐败机制制度，"少一些'大祸临头方清醒'"。

3月14日　《中国社会科学报》第A04版刊发了记者唐红丽的《激发青年人认同民族文化之根——访全国人大代表、国家一级作家二月河》。二月河在采访时表示："在实现中华民族伟大复兴的中国梦的进程中，我们应该充分发挥作为一个历史悠久、文化资源丰富的大国的优势，弘扬民族文化，凝聚民族精神，建设现代文化强国。""要培养我们的孩子爱自己的国家、爱我们民族的光荣传统，激发青年人特别是有志青年，认同我们民族文化的根，树立民族自豪感和向上奋斗的意志及动力。这些方面的努力，无论是对我们民族文化素质的提高，还是对国家反腐倡廉，实现国家和谐、安定、平稳发展，实现中华民族伟大复兴的中国梦，都有很重要的意义。"

3月24日 《检察日报》第5版发表了汪宇堂、胡皓的《给"折翅青少年"放飞和实现人生梦想的机会——第十二届全国人大代表、著名作家二月河关注未成年人保护》。二月河接受专访时，就"预防青少年刑事犯罪和维权问题，完善未成年人保护体系"畅谈了自己的感想。对于在未成年人保护方面检察机关需要做的工作，二月河说："一是检察机关要建立有效的外部监督制约机制，从人民群众中选取人民监督员、特约检察员，他们能够帮助检察院认识执法过程中的问题。要通过媒体把检察院职责告知群众，属于职责范围内的要作为，不属于职责范围的要告知，避免造成不必要的误会。二是检察机关要加强与人大代表和群众的联系，深入基层组织一些座谈交流，了解群众诉求，有针对性地开展普法宣传，让群众感觉到这是我们自己的检察院。"

4月 二月河著、凌晓编选的《人间世》由时代文艺出版社出版。

《人间世》封面

    《人间世》是二月河的第一部人生笔记，共收录杂文、随笔百余篇。全书以"人生"这一永恒的命题为线索，从亲情、友情、爱情、创作体验、生命感悟等话题展开，全面展示了二月河先生的人生历程，也折射出其对生活的感悟与思考。

    4月 《秘书工作》第4期发表了田永清的《从二月河畅谈反腐败说起》。二月河在两会期间专门从历史的角度畅谈了反腐倡廉问题。

    7月2日 二月河接受中央纪委网站创办的《聆听大家》栏目的采访。"为了丰富网站历史文化内容，更好地弘扬和传播中华优秀传统文化，以文化人，网站创办《聆听大家》的

二月河在家中接受中央纪委网专访

栏目，拟采访在文化、历史、科技等方面卓有成就，对党和国家、人民充满情感的大家。二月河先生被确定为首位采访的大家。……先生从创作《康熙大帝》的缘由谈起，从古到今，娓娓道来。'我用这样的艺术形式来告诉大家，我们民族曾经发生这样的事情。历史总是在提醒我们，不要重蹈覆辙，作家的责任就在于此。'……基于对历史的深入研究和思考，二月河先生谈了很多导致腐败的原因和历代反腐的成败得失。'历史告诉我们，腐败不会导致速亡，但腐败能导致必亡。''如果腐败蔓延，经济再好、文化再好又能怎样？'谈到党的十八大以来的反腐败，他用'蛟龙愤怒，鱼鳖惊慌，春雷一击，震撼四野'来形容，说'现在的反腐败力度，读遍二十四史都找不到'。"①

"2014 年 7 月 22 日，专访稿《二月河：现在的反腐力度读遍二十四史都找不到》在中央纪委网站首期《聆听大家》栏目推出，并配发了 17 段采访视频，当天的《人民日报》同步刊发了访谈稿。稿件发出后，迅即引发社会的广泛关注，各大新闻网站和商业网站在重要位置转发、推荐，广大网友给予好评。一时间，各界纷纷在传播先生关于反腐败的精彩论述。先生的判断契合了很多人的心声。"②

7 月　陕县广播电视台以二月河先生的陕县情结为主线，制作的四集专题片《那人那河》获得三门峡市政府新闻特别奖、三门峡市"五个一工程"奖。应陕县广播电视台的邀请，二月河先生在百忙中抽出时间为大家作报告。

8 月　河南省纪委监察厅举办了"中原清风杯"全国反腐倡廉微电影作品征集活动。为加大宣传效应，活动组委会工作人员采访了著名作家二月河。二月河认为，高薪不能养廉，低薪肯定不养廉。

12 月 4 日　二月河的《一个作者对编辑的祝福》在《河南日报》第 14 版发表。该文为收录周百义多年文学创作、理论研

①　景延安：《二月河接受中央纪委网站采访二三事》，中央纪委国家监委网站，2018 年 12 月 16 日，https：//www. ccdi. gov. cn/toutiaon/201812/t20181215_ 94404. html，访问日期：2023 年 7 月 20 日。

②　景延安：《二月河接受中央纪委网站采访二三事》，中央纪委国家监委网站，2018 年 12 月 16 日，https：//www. ccdi. gov. cn/toutiaon/201812/t20181215_ 94404. html，访问日期：2023 年 7 月 20 日。

究成果的《周百义文存》评介，怀念了二人一起走过的岁月，文中说"友谊如一杯酒，越久越醇厚"。

2015 年　71 岁

3 月 26 日，中央反腐败协调小组国际追逃追赃工作办公室首次启动针对外逃腐败分子的"天网行动"。4 月 22 日，国际刑警组织中国国家中心局集中公布 100 名涉嫌犯罪外逃国家工作人员、重要腐败案件涉案人等人员的红色通缉令。到 2019 年 9 月，"百名红通人员"已有 60 人落网。

3 月 28 日，经国务院授权，国家发展改革委、外交部、商务部联合发布《推动共建丝绸之路经济带和 21 世纪海上丝绸之路的愿景与行动》。

8 月 24 日，习近平在中央第六次西藏工作座谈会上讲话指出，必须坚持治国必治边、治边先稳藏的战略思想，坚持依法治藏、富民兴藏、长期建藏、凝聚人心、夯实基础的重要原则，不断增进各族群众对伟大祖国、中华民族、中华文化、中国共产党、中国特色社会主义的认同。

9 月 3 日，纪念中国人民抗日战争暨世界反法西斯战争胜利 70 周年大会和阅兵仪式举行。习近平检阅受阅部队并发表讲话，宣布中国将裁减军队员额 30 万。

10 月 29 日，中共十八届五中全会通过《关于制定国民经济和社会发展第十三个五年规划的建议》。同日，习近平在全会第二次全体会议上阐述新发展理念，强调坚持创新发展、协调发展、绿色发展、开放发展、共享发展，是关系我国发展全局的一场深刻变革。2016 年 3 月 16 日，十二届全国人大四次会议批准《中华人民共和国国民经济和社会发展第十三个五年规划纲要》。

4 月 1 日　清明节到来之际，二月河应公安部政治部邀请，为公安英烈题词，表达深切缅怀。他这样写道："碧血化为蝴蝶，你们用鲜血和生命换来人民的幸福与安宁，你们的生命融化在我们的事业中，你们是最可敬最可爱的大写的人。"

4 月　吴圣刚编著的《二月河研究》由河南大学出版社出版。该著是"中原作家群研究资料丛刊"之一。《二月河研究》共分为四个部分，即"自述·访谈·印象记""研究论文选辑""作品年表""研究资料索引"。"自述·访谈·印象记"收录了二月河的《康熙、雍正、乾隆治国的异同》以及阿琪、刘雅鸣、卫庶、周熠等人的访谈文章，"研究论文选辑"收录了陈继会、张书恒、刘学明、胡平、杨世伟等人的研究论文。该书对于开展二月河的相关研究提供了重要史料，是第一本关于二月河研究的史料著作。

7 月 24 日下午　河南省郑州市公安局举办"三严三实"专

题教育学习研讨辅导报告会，二月河应邀走进警营，为 1000 余名民警作专题辅导报告。"报告会上，二月河运用独特的视角，结合当前社会发展形势，以生动鲜活的例子，深入浅出地为广大民警畅谈交流如何为官做人，如何在自己的岗位上避免'乱作为''不作为'，如何回应当前社会对公安机关的新期待和新要求等问题。不仅受到广大民警的热烈欢迎，也触动了每一个人的灵魂。"①

7 月　《语文知识》第 7 期刊发了赵勇锋的《论〈红楼梦〉对二月河小说创作的影响》。赵勇锋指出，"'红楼情结'是二月河创作的心理动因"。二月河的《红楼梦》研究为"落霞系列"小说创作扫清了思想的障碍。《红楼梦》对二月河小说创作的直接影响表现在二月河对《红楼梦》语言、结构等艺术形式的借鉴上。

9 月　《二月河说反腐》由人民出版社出版。

2014 年两会期间，二月河被中纪委书记王岐山称为知音后，二月河这个名字就与反腐紧密相连。在人民出版社的提议下，他的部分关于反腐的散文和小说片段结集成册，命名《二月河说反腐》。此书主要包括"媒体访谈篇""散论篇"和"小说节选篇"三个部分。"媒体访谈篇"主要收录了二月河接受中央纪委官网、《南方人物周刊》、《环球时报》、《南方都市报》等媒体访谈的全文；"散论篇"包括二月河发表过的关于反腐的 15

① 杨勇、张慧然、王洪岩：《著名作家二月河走进郑州警营解读"三严三实"》，《河南法制报》2015 年 7 月 27 日第 4 版。

《二月河说反腐》封面

篇议论性文章；"小说节选篇"选取了作家出版社出版的"落霞三部曲"——《康熙大帝》《雍正皇帝》《乾隆皇帝》等小说中关于反腐的内容。在这些文章中，二月河以小说家的笔触，对历代的贪腐状况和反腐举措进行了艺术再现和深入分析，再次引发热议。

9月 《江汉论坛》第9期发表了吴圣刚的《二月河历史小说研究综论》。文章从二月河小说的创作动机、历史观和文学观，二月河的创作资源，二月河对于历史真实和艺术真实的态度，二月河的小说雅俗共赏等方面对"落霞三部曲"进行了解读。

2016 年　72 岁

2 月 19 日，习近平主持召开党的新闻舆论工作座谈会，指出在新的时代条件下，党的新闻舆论工作的职责和使命是：高举旗帜、引领导向，围绕中心、服务大局，团结人民、鼓舞士气，成风化人、凝心聚力，澄清谬误、明辨是非，联接中外、沟通世界。

7 月 1 日，习近平在庆祝中国共产党成立 95 周年大会上讲话指出，要永远保持建党时中国共产党人的奋斗精神，永远保持对人民的赤子之心。一切向前走，都不能忘记走过的路；走得再远、走到再光辉的未来，也不能忘记走过的过去，不能忘记为什么出发。面向未来，面对挑战，全党同志一定要不忘初心、继续前进。

10 月 21 日，纪念红军长征胜利 80 周年大会召开。习近平在大会上讲话指出，每一代人有每一代人的长征路，每一代人都要走好自己的长征路。今天，我们这一代人的长征，就是要实现"两个一百年"奋斗目标，实现中华民族伟大复兴的中国梦。要大力弘扬伟大长征精神，在新的长征路上继续奋勇前进。

10 月 24—27 日，中共十八届六中全会在北京召开。全会通过《关于新形势下党内政治生活的若干准则》和《中国共产党党内监督条例》。全会明确习近平总书记党中央的核心、全党的核心地位，号召全党同志紧密团结在以习近平同志为核心的党中央周围，牢固树立政治意识、大局意识、核心意识、看齐意识，坚定不移维护党中央权威和党中央集中统一领导。

12 月 7 日，习近平在全国高校思想政治工作会议上讲话指出，要坚持把立德树人作为中心环节，把思想政治工作贯穿教育教学全过程，实现全程育人、全方位育人。

2 月　赵克红与电视连续剧《老子传奇》的编剧王学新等前往二月河家中拜访，邀请二月河观看了《老子传奇》的片头和片尾。《老子传奇》是中国首部老子题材的电视连续剧，三分之二的剧情和洛阳有关。二月河看完之后给予这部电视剧充分肯定，还提出了一些中肯的建议。

《旧事儿》封面

3 月　全国人大代表、著名作家二月河参加十二届全国人大四次会议。会议期间，他在接受中新社记者采访时就"谈反腐"的问题说道："我读遍二十四史，都找不到现在的反腐力度。"

9 月　二月河的散文集《旧事儿》由大象出版社出版。

《旧事儿》是"南阳作家自选集"丛书的一种，共收录二月河创作的散文 17 篇。

2017 年　73 岁

7月1日，习近平出席庆祝香港回归祖国20周年大会暨香港特别行政区第五届政府就职典礼并发表讲话指出，中央贯彻"一国两制"方针坚持两点：一是坚定不移，不会变、不动摇；二是全面准确，确保"一国两制"在香港的实践不走样、不变形，始终沿着正确方向前进。

7月28日，中央军委举行颁授"八一勋章"和授予荣誉称号仪式，习近平向"八一勋章"获得者颁授勋章和证书，向获得荣誉称号的单位颁授奖旗。

7月30日，庆祝中国人民解放军建军90周年阅兵在朱日和联合训练基地举行。习近平检阅部队。8月1日，习近平在庆祝中国人民解放军建军90周年大会上讲话指出，党对军队的绝对领导是中国特色社会主义的本质特征，是党和国家的重要政治优势，是人民军队的建军之本、强军之魂。要坚持政治建军、改革强军、科技兴军、依法治军，全面提高国防和军队现代化水平，把人民军队建设成为世界一流军队。

10 月 18—24 日，中国共产党第十九次全国代表大会在北京召开。大会通过的报告《决胜全面建成小康社会，夺取新时代中国特色社会主义伟大胜利》，作出中国特色社会主义进入新时代、我国社会主要矛盾已经转化为人民日益增长的美好生活需要和不平衡不充分的发展之间的矛盾等重大政治论断，确立习近平新时代中国特色社会主义思想的历史地位，提出新时代坚持和发展中国特色社会主义的基本方略，确定决胜全面建成小康社会、开启全面建设社会主义现代化国家新征程的目标。大会通过《中国共产党章程（修正案）》，把习近平新时代中国特色社会主义思想同马克思列宁主义、毛泽东思想、邓小平理论、"三个代表"重要思想、科学发展观一道确立为党的指导思想并载入党章。

10 月 25 日，中共十九届一中全会选举习近平、李克强、栗战书、汪洋、王沪宁、赵乐际、韩正为中央政治局常委，选举习近平为中央委员会总书记，决定习近平为中央军委主席，批准赵乐际为中央纪委书记。

4 月 11 日　二月河在河南农业大学文化路校区千人大礼堂进行了以"文化的发展繁荣和反腐的几点思考"为主题的报告会。二月河以历史长河的发展积淀为量尺，深入浅出地分析了当代文化、反腐的发展，表述了他独到的见解，与现场师生进行了深刻的思想交流。

5 月　《青年作家》第 5 期发表了二月河、舒晋瑜的访谈文章《长篇小说有点像盖楼房的水泥浇筑》。二月河就舒晋瑜的提问详细解释了作家的"硬着陆"和"软着陆"。"'软着陆'是上小学、初中、高中再到大学……沿着铺满鲜花的道路走向成功;'硬着陆'是连降落伞也没有,从飞机上两眼一闭跳下去。'硬着陆'也有成功的,但成功的少。我的'硬着陆'不是一次性着陆,是两级跳,所以没有摔死。一次是跳进了红学界,然后从红学界的台阶跳进了文学队伍。如果一个高中生拿着《康熙大帝》走进出版社,也许编辑看也不看就塞进废纸篓;但是红学会的会员拿着《康熙大帝》给编辑看,人家可能就重视一些。过去无论在出版界还是在报界,我都没有杯水之交的朋友,没有这种交往,凭什么要出版社相信你?所以必须有资格。……我进入红学界后,冯其庸对我说:'你有写小说的才能,你形象思维很好。'他的话激发我从'二楼'往'一楼'跳。'硬着陆'没有降落伞,跳得低一点就行了,需要找个平台。事实证明两级跳的这种思维方式是科学的。"

6月　二月河当选河南省中国共产党第十九次全国代表大会代表。

8月　二月河的《吾师虽离去,恩绪永缅怀》在《红楼梦学刊》第4期发表。在这篇文章中,二月河用他特有的笔法深情地回忆着与冯其庸的交往以及冯老对他的帮助。

10月　党的十九大在北京召开,党代表二月河被邀请到中央纪委国家监委网站参观指导并接受采访。会前,二月河写了"党代表手记"——《我感觉震撼最大的就是党的十八大以来这五年》。在参观过程中，二月河字字掷地有声："你们网站的作用大，老百姓欢迎。"

是年　郑州大学大二学生给二月河写信，求解"读书有何用？"。二月河在一封914字的口述整理回信中为"90后"大学生解惑，并呼吁："孩子们，读书吧！像饥饿的羊跑到草地上那样贪婪地读书。"

2018 年　74 岁

3 月 5—20 日，十三届全国人大一次会议在北京召开。会议选举习近平为国家主席、国家中央军委主席，栗战书为全国人大常委会委员长，决定李克强为国务院总理。会议通过《中华人民共和国宪法修正案》，确立科学发展观、习近平新时代中国特色社会主义思想在国家政治和社会生活中的指导地位；通过《中华人民共和国监察法》。23 日，中华人民共和国国家监察委员会在北京揭牌。

4 月 27 日，十三届全国人大常委会第二次会议通过《中华人民共和国英雄烈士保护法》。

5 月 4 日，纪念马克思诞辰 200 周年大会召开。习近平发表讲话指出，马克思主义始终是我们党和国家的指导思想，是我们认识世界、把握规律、追求真理、改造世界的强大思想武器。新时代，中国共产党人仍然要学习马克思，学习和实践马克思主义，继续高扬马克思主义伟大旗帜，让马克思、恩格斯设想的人类社会美好前景不断在中国大地上生动展现出来。

8月17—19日，中央军委党的建设会议在北京召开。习近平讲话指出，坚持党对军队绝对领导，锻造坚强有力的党组织，锻造高素质干部和人才队伍，深入推进党风廉政建设和反腐败斗争，为实现党在新时代的强军目标、完成好新时代军队使命任务提供坚强政治保证。

8月21日，习近平在全国宣传思想工作会议上讲话指出，中国特色社会主义进入新时代，必须把统一思想、凝聚力量作为宣传思想工作的中心环节。做好新形势下宣传思想工作，必须自觉承担起举旗帜、聚民心、育新人、兴文化、展形象的使命任务。

9月10日，习近平在全国教育大会上讲话指出，教育是国之大计、党之大计，要坚持改革创新，以凝聚人心、完善人格、开发人力、培育人才、造福人民为工作目标，培养德智体美劳全面发展的社会主义建设者和接班人，加快推进教育现代化、建设教育强国、办好人民满意的教育。

1月12日　二月河的《还原真实的张三丰》在《人民日报》（海外版）第7版发表。该文还以"还原一个真实的张三丰——评长篇历史小说《张三丰》"为题在《河南日报》2018年3月1日发表。

12月15日凌晨　二月河与世长辞。

二月河逝世后，黄坤明、朱镕基、李岚清、吴官正、刘云山、张春贤、吉炳轩、刘奇葆、肖捷、刘延东、陈至立、孙家正、常万全等党和国家领导人及老同志以各种形式，对其表示沉痛哀悼，并向其亲属表示深切慰问。

中国文联主席、中国作协主席铁凝，中国文联党组书记、副主席李屹，中国作协党组书记、副主席钱小芊，教育部党组书记、部长陈宝生，中国社会科学院院长、党组书记谢伏瞻，省委书记王国生、省长陈润儿、省政协主席刘伟等省领导，部分离退休老同志，著名作家、教授、学者莫言、周大新、柳建伟、李佩甫等，南阳市主要领导，二月河生前亲朋、战友、同事等，也通过各种形式表达沉痛哀悼之情。

全国人大常委会办公厅、中共中央宣传部、中国文联、中国作协、教育部、中国社会科学院，中共河南省委、河南省人大常委会、河南省人民政府、河南省政协、中共河南省委办公厅、河南省人大常委会办公厅、河南省政协办公厅、省委各部委、省直有关厅局、省内高校，中共南阳市委、市政府、市人大、市政协，及二月河的故乡中共昔阳县委、县政府等敬献了花圈。

二月河去世当天，中国红楼梦学会的何卫国先生发布了一条这样的信息："二月河先生早年不敢坐飞机，每次请他出席活动，他都用浓重的河南话说：'卫国，给我订火车票。'记得去年冯其庸先生去世后，我约他写篇纪念文章，他说：'冯先生于我有恩，我一定写。'二哥是一个有情有义的汉子！一路走好！"二月河正是这样一个有情有义的文化人。

听闻二月河逝世，《大秦帝国》作者孙皓晖评悼："二月河先生独具慧眼，以他的伟大作品呈现了那个令人无限感喟的时代，为中国古典文明的最后历程写下了一曲悲壮的挽歌，使那片无垠的壮阔的东方落霞带给我们无尽的历史反思，从而成为我们文明重建的精神根基。"

二月河遗体送别仪式现场

二月河逝世，著名作家莫言撰联悼念二月河：二月河开凌解放，一剪梅落玉簟秋。

12 月 20 日　《河南日报》第 12 版发表了王钢的《忍别二月河》。

2019 年 9 月 23 日　《雍正皇帝》入选"新中国 70 年 70 部长篇小说典藏"。

2019 年 12 月　由南阳市作协副主席、二月河研究学会会长鲁钊主编的《二月河先生纪念文萃》由河南文艺出版社出版，这是国内首部缅怀二月河先生的文集。中国艺术研究院美术研究所副所长、博士生导师、著名书画家李一先生为该书题写书名，中国书法家协会会员、河南省书协创作委员会委员、南阳市书协副主席、著名书画家尹先敦先生为本书题写了章节名。该书以辩证的、全面的、平和的眼光看待二月河的成果，从历史的、社会的、客观的角度，更冷静、更清醒、更深刻地去理解二月河。

2022 年 10 月　鲁钊著《二月河评传》由郑州大学出版社出版，该著近 41 万字，精准把握二月河人生重要阶段，回顾其童年颠沛流离生活，重现其艰苦卓绝创作往事，述说鲜为人知的创作细节，揭秘二月河的心路历程。书中年份、人物、数字、事例无不考据，可作为信史存档，并附录二月河著作出版年表、生平年表、研究专著、重要的文学评论目录，资料翔实丰富，语言拙朴自然，结构审慎严密，评价客观中肯，栩栩如生复原二月河人物形象，准确解构二月河完整人生，阐释、歌颂和弘扬了矢志不渝、敢为人先、负重前行、追求卓越的二月河文学精神。

参考资料

一、作品

二月河：《匣剑帷灯——二月河作品选》，长江文艺出版社，1998年。

二月河：《二月河作品自选集》，河南文艺出版社，1999年。

二月河：《二月河语》，昆仑出版社，2004年。

二月河：《二月河妙解〈红楼梦〉》，长江文艺出版社，2005年。

二月河：《密云不雨》，作家出版社，2007年。

二月河：《佛像前的沉吟》，河南文艺出版社，2009年。

二月河著、凌晓编选：《随性随缘》，长江文艺出版社，2011年。

二月河著、凌晓编选：《人间世》，时代文艺出版社，2014年。

二月河：《二月河说反腐》，人民出版社，2015 年。

二月河：《旧事儿》，大象出版社，2016 年。

二、学术著作

陈春建：《奔腾的二月河》，人民日报出版社，2000 年。

冯兴阁、梁桦、刘文平主编《聚焦"皇帝作家"二月河》，广东人民出版社，2003 年。

张德礼等：《二月河历史叙事的文化审美建构》，人民出版社，2005 年。

鲁钊：《直面"皇叔"二月河》，河南文艺出版社，2011 年。

吴圣刚编著：《二月河研究》，河南大学出版社，2015 年。

鲁钊主编《二月河先生纪念文萃》，河南文艺出版社，2019 年。

郝敬波：《二月河论》，作家出版社，2020 年。

郑州大学二月河文学艺术研究中心编著：《永远的记忆——二月河先生纪念画册》，河南文艺出版社，2021 年。

鲁钊：《二月河评传》，郑州大学出版社，2022 年。

三、论文

张书恒、王志尧：《论历史小说的内在机制与审美特性——

兼评二月河的〈康熙大帝〉》，《南都学坛（社会科学版）》1992 年第 1 期。

周百义：《不同凡响的艺术魅力——读长篇历史小说〈雍正皇帝·九王夺嫡〉》，《小说评论》1992 年第 2 期。

南春堂、白冰：《丰厚的历史 艰难的创作——〈康熙大帝〉出台记》，《人民日报》（海外版）1994 年 3 月 23 日。

韩湾、冯兴阁：《"黑马"驰骋任纵横——访二月河》，《新闻爱好者》1994 年第 5 期。

陈继会、陈贞权：《〈康熙大帝〉的意义——兼论"大众文学"的历史走向》，《中州学刊》1994 年第 5 期。

刘雅鸣：《为帝王画像——访著名作家二月河》，《经济世界》1996 年第 2 期。

郭克建：《史鉴照今人——访南阳籍著名作家二月河》，《中州统战》1996 年第 2 期。

刘学明：《长篇历史小说〈雍正皇帝〉研讨会纪要》，《当代作家》1996 年第 2 期。

阿琪：《苍凉悲壮的二月河》，《博览群书》1996 年第 7 期。

白冰：《近访二月河》，《牡丹》1996 年第 5 期。

朱小如：《一泻千里二月河》，《教师博览》1996 年第 11 期。

吴晓明：《论中国当代传记文学的创作》，《上海师范大学学报（哲学社会科学版）》1997 年第 1 期。

王小平：《奔流不息二月河》，《河南省情与统计》1997 年第 4 期。

张书恒、张德礼：《论"南阳作家群"的成因及其文化特征》，《南都学坛（哲学社会科学版）》1997 年第 5 期。

杨世伟：《评二月河的长篇历史小说》，《文学评论》1997 年第 5 期。

周百义：《二月河和他的长篇历史小说——兼谈当代历史小说的走向》，《当代作家》1998 年第 1 期。

刘雅鸣：《访著名作家二月河》，《记者观察》1998 年第 2 期。

童潼：《〈雍正王朝〉畅吟历史风情》，《中国商界》1998 年第 3 期。

阿琪：《〈雍正王朝〉的诞生》，《中州学人》1999 年第 5 期。

杨晓萍：《于家和国的冲撞中艰难崛起——电视连续剧〈雍正王朝〉思想艺术性纵横谈》，《衡阳师范学院学报（社会科学）》1999 年第 4 期。

卫庶：《文学真实与历史真实——访二月河》，《社会科学论坛》1999 年第 2 期。

武嘉路：《以史著文　以文立史——谈长篇历史小说〈雍正皇帝〉的现实价值》，《中国图书评论》1999 年第 2 期。

张书恒：《评二月河"清代帝王系列"小说》，《文学评论》1999 年第 2 期。

勇雪莹：《谈我国历史上的税制改革——访二月河》，《经济视角》1999 年第 3 期。

吴兆龙：《〈雍正王朝〉编辑札记》，《电视研究》1999 年第
3 期。

李霄山、王建新：《梦断军营始得金——记著名作家、优秀
转业军官二月河》，《中国民兵》1999 年第 4 期。

田子、李红光：《二月河　谁讲感情谁垮台（官场权术文学
版）》，《英才》1999 年第 5 期。

胡云生：《二月河：百折不回奔大海》，《行政人事管理》
1999 年第 5 期。

潘峰：《历史·人性·现代性——读二月河的历史小说〈雍
正皇帝〉》，《语文教学与研究》1999 年第 6 期。

胡明：《"雍正"也是一个"小姑娘"》，《粤海风》1999
年第 3 期。

冯兴阁：《"文坛怪杰"二月河》，《时代潮》1999 年第
6 期。

秦都雍、木易生：《"二月河现象"浅析》，《平原大学学
报》1999 年第 3 期。

欣华：《近访二月河》，《科技潮》1999 年第 10 期。

张卫平：《〈雍正王朝〉评说》，《北京电影学院学报》1999
年第 4 期。

郑春：《试论当代历史小说的创新努力》，《文史哲》2000
年第 1 期。

齐裕焜：《二月河"清帝系列"小说得失谈》，《福建师范

大学学报（哲学社会科学版）》2000年第2期。

韦庆远：《论雍正其人》，《史学集刊》2000年第3期。

陈建新：《历史题材小说的道德抉择》，《浙江大学学报（人文社会科学版）》2000年第4期。

雷达：《博采众长独辟新路》，《中华读书报》2000年9月30日。

李再新：《身经百战一老兵——访二月河父亲凌尔文》，《山西老年》2000年第10期。

刘雅鸣：《等着看二月河笔下的鸦片战争》，《瞭望新闻周刊》2001年第1期。

崔冰：《看古今兴衰　说天下管理——作家二月河访谈》，《中外管理导报》2001年第2期。

杨克文、勇雪莹：《理财治税振百年颓风　新政改革造太平盛世——"帝王作家"二月河纵论雍正财税改革》，《中国税务》2001年第3期。

张书恒：《背离与固守——二月河综论》，《当代作家评论》2001年第2期。

张书恒、许宛春：《诗与历史的困惑与选择——论二月河"帝王系列"的审美特征》，《河南大学学报（社会科学版）》2001年第3期。

冉茂金、喻静：《文学和影视：双赢的可能性之一——六位作家对一份问卷的回答》，《中国艺术报》2001年8月24日。

张喜田：《性别话语下的历史叙述——凌力、二月河历史小说创作比较》，《河南师范大学学报（哲学社会科学版）》2001年第 5 期。

姚鑫隆、秦著红：《继承·改造·革新·超越——评二月河的历史小说创作》，《新余高专学报》2001 年第 3 期。

管宁：《人性视域：历史小说美学新质的开启》，《东岳论丛》2001 年第 5 期。

刘雅鸣：《坦坦荡荡二月河》，《瞭望新闻周刊》2001 年第 52 期。

韩伟涛：《编排康熙的二月河》，《大江周刊》2002 年第 1 期。

孙荪：《二月河与他的父母》，《源流》2002 年第 2 期。

刘雅鸣：《且看二月河这"一潭浑水"》，《北京档案》2002 年第 2 期。

王建新、李来征：《一条大河波浪宽——再访著名作家、优秀转业军官二月河》，《中国民兵》2002 年第 2 期。

梁桦：《"二"先生的本色》，《中国文化报》2002 年 4 月 10 日。

杜宇：《二月河：我想静静地流淌》，《新华每日电讯》2002 年 4 月 26 日。

刘克：《全球化语境下文学发展的理性：二月河给予我们的启示》，《涪陵师范学院学报》2002 年第 3 期。

刘克：《地域性语境下的全球化创作——二月河持守地域性创作对于文学发展的意义》，《南都学坛（人文社会科学学报）》2002 年第 4 期。

吴秀明：《当代历史小说中的明清叙事》，《文学评论》2002 年第 4 期。

吴秀明：《世纪交替的历史关注与现代性求索——论新时期历史题材小说思想艺术发展的基本轨迹》，《福建论坛（人文社会科学版）》2002 年第 4 期。

舒晋瑜：《专业作家：作品优劣与体制无关》，《中华读书报》2002 年 9 月 25 日。

黄发有：《世纪之交中国文学的历史迷惘》，《学习与探索》2002 年第 5 期。

涂珍兰：《浅析〈雍正皇帝〉中道德倾向与平民化倾向》，《湖北大学成人教育学院学报》2002 年第 6 期。

徐亚东：《二月河"帝王系列"小说审美品格论》，《南阳师范学院学报（社会科学版）》2003 年第 1 期。

周熠：《二月河纵论历史小说创作》，《人民日报》（海外版）2003 年 2 月 28 日。

赵亦冬：《二月河作（做）客本报 心仪弱势群体代言人》，《工人日报》2003 年 3 月 21 日。

万伯翱：《高山流水有知音——记著名作家二月河指导我写乾隆垂钓》，《中国钓鱼》2003 年第 5 期。

刘克：《论二月河清帝小说的狂欢化叙事对于文学发展的意义》，《涪陵师范学院学报》2003 年第 3 期。

吴秀明：《论 90 年代的历史题材小说创作》，《社会科学战线》2003 年第 4 期。

薛家柱：《"三帝奇人"二月河》，《文化交流》2003 年第
4 期。

梁若冰：《首届"姚雪垠长篇历史小说奖"揭晓》，《光明
日报》2003 年 8 月 9 日。

竺大文、刘慧：《二月河　破冰而出的传奇》，《浙江日报》
2003 年 8 月 15 日。

田小枫：《千古文人名士梦——论二月河小说的名士情怀》，
《郑州大学学报（哲学社会科学版）》2003 年第 4 期。

马芳芳、丁尘馨：《专访二月河："我为什么歌颂康熙雍正
乾隆"》，《中国新闻周刊》2003 年第 34 期。

刘克：《论"二月河现象"的文化意识》，《江汉论坛》
2003 年第 9 期。

刘克：《误读的小说和小说的误读——二月河清帝系列小说
的历史叙事化用传统文化资源的经验和教训》，《青海社会科学》
2003 年第 5 期。

刘克：《通俗是一种美的艺术境界——论地域文化对二月河
历史小说文思的影响》，《湖北大学学报（哲学社会科学）》
2003 年第 6 期。

张书恒：《倾斜的道德与思想天平——论二月河"帝王系
列"的思想文化内涵》，《南京师范大学文学院学报》2003 年第
4 期。

刘克：《楚汉文化的整合与二月河清帝系列小说的艺术精

神》，《中南民族大学学报（人文社会科学版）》2004 年第 1 期。

刘克：《二月河清帝系列小说无赖母题的民俗范式》，《中央民族大学学报（哲学社会科学版）》2004 年第 2 期。

梁桦：《二月河　人类自在的美是永恒的》，《经济日报》2004 年 5 月 18 日。

泛舟：《二月河与他的笔下王朝——与著名历史小说作家二月河的对话》，《今日湖北》2004 年第 6 期。

李焱：《二月冰消水滔滔——著名作家二月河访谈录》，《语文世界（高中版）》2004 年第 Z2 期。

孙玉明：《二月河的"红楼情"》，《红楼梦学刊》2004 年第 3 期。

张德礼、桓晓虹：《缺失体验：二月河创作心理动因探寻》，《南都学坛（人文社会科学学报）》2004 年第 5 期。

庄若江：《"民间立场"与"政治话语"——高阳、二月河的清史文本比较》，《江苏社会科学》2004 年第 5 期。

张法：《在康—雍—乾帝王系列文体选择的背后》，《江汉论坛》2004 年第 10 期。

徐亚东：《冷与热的背后——"二月河现象"文化解读》，《文艺评论》2004 年第 6 期。

刘克：《当代清朝题材小说热点作品的突破与局限》，《新疆大学学报（社会科学版）》2004 年第 4 期。

王樽：《二月河坦言帝王剧大多不合格》，《深圳特区报》

2004 年 12 月 2 日。

戈中博：《二月河：集邮快乐》，《中国邮政报》2004 年 12
月 3 日。

傅宁军：《二月河：走红台湾的黄河之子》，《两岸关系》
2005 年第 1 期。

刘克：《民俗学田野作业范式与二月河历史小说戏曲母题》，
《晋阳学刊》2005 年第 2 期。

田永清：《话说二月河》，《人民日报》（海外版）2005 年 4
月 21 日。

田永清：《"帝王作家"二月河》，《科学与文化》2005 年第
7 期。

刘克：《复仇叙述：从命运自觉到凿壁借明——评二月河清
帝系列小说》，《贵州社会科学》2005 年第 4 期。

田永清：《曾被老师讥为"饭桶"》，《出版参考·新阅读》
2005 年第 9 期。

张继合：《玫瑰一枝映落霞——对话二月河》，《河北日报》
2005 年 11 月 11 日。

刘克：《历史小说：在家庭文化的认同与互动之间》，《中南
大学学报（社会科学版）》2006 年第 1 期。

张莉莉：《落霞长映二月河——记著名作家二月河》，《老人
天地》2006 年第 3 期。

刘嘉：《"社会需要一种悲天悯人的情怀"——访著名作家
二月河》，《中国报道》2006 年第 5 期。

刘媛、傅祎：《从留级生到著名作家——近访作家二月河》，《中国教育报》2006 年 7 月 20 日。

蔡贤富：《"德貌两分"——略谈二月河"帝王系列"对能吏的肖像描写》，《郧阳师范高等专科学校学报》2006 年第 4 期。

卢有泉：《二月河回乡散记》，《太原日报》2006 年 8 月 21 日。

张德礼：《实践理性：二月河历史小说的哲理意蕴》，《南都学坛（人文社会科学学报）》2006 年第 6 期。

王增范：《二月河清帝系列小说的缺陷》，《中州学刊》2006 年第 6 期。

吴秀明、王军宁：《大众文化视野中的二月河历史小说创作》，《海南师范学院学报（社会科学版）》2006 年第 6 期。

尹欣：《我的书里都是"黄河的味道"——专访著名作家二月河》，《今日国土》2006 年第 12 期。

秦其良：《情系百姓平民心——二月河散文解读》，《重庆工学院学报》2006 年第 12 期。

刘克：《言诞书奇与理真旨正——论二月河清帝系列小说对巫幻母题内涵开掘的文化意义》，《西北大学学报（哲学社会科学版）》2007 年第 1 期。

王华超：《淡定从容二月河》，《淮海文汇》2007 年第 1 期。

聂虹影：《布衣本色——访著名历史小说作家二月河》，《中国边防警察》2007 年第 3 期。

金涛：《弘扬优良人文精神应从儿童抓起》，《中国艺术报》2007年3月6日。

李娟：《作家要有健康思维——访作家二月河》，《河北日报》2007年5月4日。

王伟华、冯杨：《军中儒将田永清　著名作家二月河联袂来石讲学——赵金铎会见两位来访客人》，《石家庄日报》2007年5月20日。

王文霞：《家国视野下的艰难"承担"——析二月河历史小说中知识分子形象》，《昭通师范高等专科学校学报》2007年第3期。

黄尚文：《从区域文化角度比较唐浩明与二月河历史小说的差异》，《中南林业科技大学学报（社会科学版）》2007年第2期。

褚艳：《二月河：咱山西的空气清新了》，《山西经济日报》2007年7月30日。

邢晓梅：《巧煮三江好水　细品百年文化——"帝王作家"二月河回乡讲学访谈录》，《太原日报》2007年8月6日。

李天密、鲁钊：《构建和谐社会匹夫有责——访著名作家二月河》，《河南日报》2007年9月1日。

李强：《二月河新作〈胡雪岩〉中文繁体版高价卖出》，《中国新闻出版报》2007年9月3日。

王巧玲：《二月河：我从不含沙射影》，《新世纪周刊》2007年第24期。

王巧玲：《历史达人二月河》，《新世纪周刊》2007 年第24 期。

金莹：《以文学"软化"心灵——访党的十七大代表、作家二月河》，《文学报》2007 年 10 月 11 日。

韩晓雪：《领会和谐社会的深刻内涵——访十七大代表、中国作协主席团委员二月河》，《文艺报》2007 年 10 月 13 日。

董建矿、韩舒：《二月河与河师大学子畅谈文化繁荣》，《河南日报》2007 年 11 月 28 日。

高聚武、二月河：《拿起笔老子天下第一，放下笔夹着尾巴做人》，《文学界（专辑版）》2008 年第 1 期。

易鉴容：《一次普通的拜访》，《文学界（专辑版）》2008 年第 1 期。

鲁钊：《酒入豪肠化灵感　浩荡恰如二月河》，《人民日报》（海外版）2008 年 2 月 29 日。

李钧德、杜宇：《二月河叹书价，自己都觉自己书贵》，《新华每日电讯》2008 年 3 月 8 日。

刘先琴：《二月河：时代呼唤文学的原创力》，《光明日报》2008 年 3 月 9 日。

周南焱：《二月河"作家免税论"引发争议》，《北京日报》2008 年 3 月 12 日。

彭宽：《二月河：创作成就源于思想解放》，《中国艺术报》2008 年 3 月 18 日。

秦晓帆：《同源异质的历史诠释——对高阳、唐浩明、二月河文化观的考察》，《小说评论》2008年第2期。

舒晋瑜：《二月河：我与河南二月河》，《中华读书报》2008年4月23日。

赵玉芬：《"帝王作家"的人文情怀——二月河历史小说论》，《河南理工大学学报（社会科学版）》2008年第2期。

李坤：《二月河：不与天争》，《北京科技报》2008年5月5日。

时仲省：《二月河：在疾病中完善自己》，《祝您健康》2008年第8期。

赵国锋：《一位著名作家和一个作家群的形成》，《郑州日报》2008年9月5日。

张效奎、张艳秋、魏嘉麟：《二月河家中议国事》，《魅力中国》2008年第27期。

王钢：《近观二月河》，《河南日报》2008年10月15日。

陈竞、傅小平、金莹：《是危机，更是发展新机遇——全国两会作家代表、委员谈文化、民生》，《文学报》2009年3月12日。

鲁钊：《让更多的人买得起书读得起书——访全国人大代表、著名作家二月河》，《工人日报》2009年3月13日。

赵明河：《大器晚成二月河》，《人民教育》2009年第7期。

刘逢安：《二月河的军旅人生》，《解放军生活》2009年第5期。

黄国景、何希凡：《被遮蔽的诗性诉求——试析"帝王作家"的"出世"情结》,《西安石油大学学报（社会科学版）》2009 年第 3 期。

李亚楠：《浸润灵魂成长的精神食粮》,《中国改革报》2009 年 8 月 26 日。

刘平家：《生命中的一记皮鞭》,《思维与智慧》2009 年第 25 期。

李向珂：《浅析〈乾隆皇帝〉中女性形象的塑造手法》,《魅力中国》2009 年第 30 期。

王笑菁：《试论宫廷叙事作品中的帝王师》,《学术交流》2009 年第 11 期。

梁鹏：《"二月河"遭抢注 "凌解放"很愤怒》,《新华每日电讯》2009 年 12 月 14 日。

林虹：《鲜活丰满别致——二月河笔下的文人学士形象》,《平顶山学院学报》2009 年第 6 期。

勇雪莹：《"帝王"作家二月河的税收情缘》,《中国税务》2010 年第 2 期。

詹伟明：《拿下二月河》,《故事家（微型经典故事）》2010 年第 2 期。

朱迅垚：《应该设立中国特色的诺贝尔文学奖么（吗）》,《南方日报》2010 年 3 月 10 日。

田永清：《我认识的二月河》,《中国纪检监察报》2010 年 3 月 28 日。

鲁钊：《杨柳二月访春河——作家二月河谈读书创作》,《中国文化报》2010 年 5 月 9 日。

于成：《人生低谷时的成功法则》，《课堂内外创新作文（高中版）》2010 年第 5 期。

周同宾：《丹青二月河》，《青岛文学》2010 年第 7 期。

郭远庆、姚二壮：《二月河谈孩子读书》，《华人时刊》2010 年第 9 期。

丁怡琴：《论儒家思想对二月河"清帝系列"创作的渗透》，《宿州学院学报》2010 年第 9 期。

刘起林：《历史文学的"盛世情结"及其文化生成》，《小说评论》2010 年第 5 期。

鲁钊：《发现二月河》，《中国铁路文艺》2010 年第 10 期。

阚爱民、鲁钊：《中原文化繁荣得天独厚——访中国作协主席团委员、著名作家二月河》，《河南日报》2010 年 11 月 18 日。

张有成、刘娜、邱文柄：《全国人大代表二月河说："不虚此行"》，《检察日报》2010 年 12 月 20 日。

鲁钊：《三句话受用终生》，《意林（原创版）》2010 年第 23 期。

路漫漫：《"食前方丈"二月河》，《中国铁路文艺》2011 年第 5 期。

舒晋瑜：《影响作家一生的童年阅读》，《中华读书报》2011 年 6 月 8 日。

阚爱民、刁良梓：《为中原经济区建设提供精神动力》，《河南日报》2011 年 7 月 18 日。

鲁钊：《文化厚重与敬惜字纸》，《人民日报》（海外版）2011 年 8 月 29 日。

韩为卿：《二月河：人生就像抛物线》，《中国新闻出版报》2011 年 9 月 30 日。

傅祎男：《二月河　培植心中永不凋谢的玫瑰花》，《中华儿女》2011 年第 22 期。

樊金丰：《浅析〈雍正皇帝〉对大众心理的关（观）照》，《文教资料》2011 年第 36 期。

李先明、陈静、毕鹏飞、王延荣：《一个国家必须要有水利支撑——访全国人大代表凌解放（二月河）》，《中国水利报》2012 年 3 月 9 日。

孙荪：《文学豫军论》，《牡丹》2012 年第 5 期。

张光茫：《像土地般厚实——我所知道的二月河》，《吉林日报》2012 年 5 月 17 日。

薛峰：《二月河乐于吃苦》，《第二课堂（高中版）》2012 年第 8 期。

韩为卿、董志国：《二月河"淘书"》，《农村·农业·农民（A 版）》2012 年第 8 期。

王静君、韩海平：《"人们须臾不能离开的只有财政"——专访全国人大代表、著名作家二月河》，《中国财政》2012 年第 17 期。

王觅：《文化面临难得的发展机遇——访党的十八大代表、中国作协主席团委员二月河》，《文艺报》2012 年 11 月 12 日。

任沁沁、钱彤：《在历史与现实间"穿越"》，《新华每日电讯》2012 年 11 月 13 日。

路漫漫：《居住在厚实的温情里》，《农村·农业·农民（A版）》2012 年第 12 期。

王南方：《二月河的母亲》，《人民文摘》2013 年第 1 期。

鲁钊：《让旅游闪烁出最美的文化光芒——第十二届全国人大代表、著名作家二月河访谈》，《中国旅游报》2013 年 3 月 4 日。

张孔娟：《亟须解决文化原创动力不足的问题——全国人大代表、著名作家凌解放呼吁》，《中国经济时报》2013 年 3 月 11 日。

杨佩：《"精神饥饿"的背后，是阅读缺失》，《协商论坛》2013 年第 3 期。

卢国伟、田莹：《二月河"帝王作家"的法治中国梦》，《人民法院报》2013 年 7 月 20 日。

鲁钊：《大家间的"道不同"——二月河与姚雪垠争鸣往事》，《中国文化报》2013 年 7 月 24 日。

鲁钊：《二月河孝父"如意"讨欢心》，《中华魂》2013 年第 20 期。

袁媛：《一场关于红楼的对话》，《中国经营报》2013 年 12 月 16 日。

范阳阳：《从二月河的"落霞三部曲"看 90 年代文学场》，《小说评论》2014 年第 1 期。

王少伟：《为医治"社会糖尿病"开方》，《中国纪检监察报》2014年3月8日。

唐红丽：《激发青年人认同民族文化之根——访全国人大代表、国家一级作家二月河》，《中国社会科学报》2014年3月14日。

汪宇堂、胡皓：《给"折翅青少年"放飞和实现人生梦想的机会——第十二届全国人大代表、著名作家二月河关注未成年人保护》，《检察日报》2014年3月24日。

田永清：《从二月河畅谈反腐败说起》，《秘书工作》2014年第4期。

赵勇锋：《论〈红楼梦〉对二月河小说创作的影响》，《语文知识》2015年第7期。

吴圣刚：《二月河历史小说研究综论》，《江汉论坛》2015年第9期。

附录　二月河创作年表

1985 年

《康熙大帝·夺宫》，黄河文艺出版社，1985 年 11 月。

1987 年

《康熙大帝·惊风密雨》，黄河文艺出版社，1987 年 6 月。

1988 年

《康熙大帝·玉宇呈祥》，黄河文艺出版社，1988 年 8 月。

1989 年

《康熙大帝·乱起萧墙》，黄河文艺出版社，1989 年 12 月。

1991 年

《雍正皇帝·九王夺嫡》，长江文艺出版社，1991 年 6 月。

1993 年

《雍正皇帝·雕弓天狼》，长江文艺出版社，1993 年 5 月。

1994 年

《乾隆皇帝·风华初露》，河南人民出版社，1994 年 1 月。

《雍正皇帝·恨水东逝》，长江文艺出版社，1994 年 5 月。

1995 年

《乾隆皇帝·夕照空山》，河南人民出版社，1995 年 12 月。

1996 年

《乾隆皇帝·日落长河》，河南文艺出版社，1996 年 11 月。

1997 年

《乾隆皇帝·天步艰难》，新世界出版社，1997 年 9 月。

《雍正皇帝》（上·中·下）（二月河原著，王瑞人改编），
经济日报出版社，1997 年 11 月。

1998 年

《匣剑帷灯——二月河作品选》，长江文艺出版社，1998 年
12 月。

1999 年

《二月河作品自选集》，河南文艺出版社，1999 年 4 月。

《乾隆皇帝·云暗凤阙》，河南文艺出版社，1999 年 9 月。

《乾隆皇帝·秋声紫苑》，河南文艺出版社，1999 年 9 月。

2000 年

《康熙大帝》（二月河文，梅逢春画），西苑出版社，2000 年 6 月。

2001 年

《二月河文集》，长江文艺出版社，2001 年 2 月。

2004 年

《二月河语》，昆仑出版社，2004 年 1 月。

2005 年

《二月河妙解〈红楼梦〉》，长江文艺出版社，2005 年 8 月。

2007 年

《胡雪岩》（与薛家柱合著），长江文艺出版社，2007 年 9 月。

《密云不雨》，作家出版社，2007 年 9 月。

2009 年

《佛像前的沉吟》，河南文艺出版社，2009 年 3 月。

《雍正皇帝·评注本（全三册）》（二月河著，蔡葵评注），长江文艺出版社，2009 年 7 月。

2011 年

《随性随缘》（二月河著，凌晓编选），长江文艺出版社，2011 年 10 月。

2014 年

《人间世》（二月河著，凌晓编选），时代文艺出版社，2014 年 4 月。

2015 年

《二月河说反腐》，人民出版社，2015 年 9 月。

2016 年

《旧事儿》，大象出版社，2016 年 9 月。

后记

《二月河年谱》经过多次补充、校订，算是结稿了。

二月河是一位奇特的作家。

他的人生似乎总是比别人慢半拍：他上学比较晚；上学过程中，由于父母忙于工作，对他盯得不紧，他把不少时间用在看"闲书"上，导致他小学、初中、高中各留一级，高中毕业时，已经二十出头。此时正值"文革"混乱之际，他在家无正事，怀着对英雄的崇尚和当将军的梦想，24岁当兵入伍。不承想，成了工程兵，钻进了地下挖坑道、挖煤矿，让他感觉当将军的梦想成为泡影。这促使他用心读书学习，丰富提升自己。将军没当成，读了一肚子书。

结束十年军旅生活，二月河转业到南阳市成为一名普通干部。但他热心学术，开始研究《红楼梦》，想成为红学专家。正当他在红学界崭露头角，受到红学家冯其庸的肯定时，别人的一句话，让他下决心写康熙，转向文学界当作家。岂不知，在文学圈，像他这样年龄的人，大多已是著作等身的著名作家，他却准备此时起步。但这就是二月河的独特性，正应了好饭不怕晚，"磨镰不误砍柴工"，信守军人的秉性，战必胜，不鸣则已，一鸣惊人。一部《康熙大帝》，让二月河一举成名；而此后的《雍正皇帝》《乾隆皇帝》以及纷纷改编的电视剧走进屏幕，更是让二月河的名字家喻户晓，很少有人知道，世上还有凌解放的存在。

初闻二月河，是他的小说《康熙大帝》以及电视剧《康熙王朝》的问世，后来又接触他的《雍正皇帝》《乾隆皇帝》，知道了二月河是能写清朝历史的作家。全面了解二月河，始于2013年。那时，我组织信阳师范大学文学院同人集中研究河南当代文学，编纂了"中原作家群研究资料丛刊"，其中的《二月河研究》系我编著，这就需要对二月河的人生经历、文学创作、主要作品、研究状况等全面把握，书中就包括了简单的二月河文学创作年表，实际上是作家文学年谱的线索。当初启动河南当代文学研究时，为了让研究基础更扎实，首先从资料整理入手，整理作家年谱，也是当时规划的内容。

之后，在指导研究生读书、学习、研究时，我给2020级现当代文学专业研究生樊会婷布置了一项学业任务，根据《二月河研究》中创作年表的线索，整理出二月河年谱。会婷按照我的要求，整理出约13 000字的简要年谱，我对文本进行了规范性修改。

不久，信阳师范大学文学院拟定先出一部分河南作家年谱，《二月河年谱》也被列入其中。我又让樊会婷按照拟定的体例，收集资料，补充内容，特别是补充有关二月河研究的资料、必要的照片以及对创作有影响的重大事件。会婷做了广泛收集资料的基础工作，经过一段时间的整理，送我按照新体例编撰的《二月河年谱》草稿，包括二月河的一些照片，有七八万字。她把草稿交给我，我开始了校订修改、补充完善。从 2021 年到 2023 年，经过三次充实、完善，形成这部《二月河年谱》。

二月河的人生经历大致可以分为幼年及上学时期、部队服役时期、转业及成为作家时期这三个阶段。基于二月河是突然崛起，在创作《康熙大帝》之前，几乎没有"文学经历"，所以，他幼年及上学时期和在部队服役时期的经历，没有翔实的史料记录，大多由后来二月河的回忆、访谈而来，不一定十分精确。但从历史的逻辑考量，这些经历对二月河一举成名也是必然的因，有必要尽可能还原。可是，因缺乏第一手史料，显得捉襟见肘。而《康熙大帝》出版之后，二月河成为知名作家；《雍正皇帝》《乾隆皇帝》相继完成，再加上三部作品都被改编为电视剧在央视黄金时段播出，形成"清宫戏热"，二月河家喻户晓，一度上了作家收入排行榜，甚至有人注册"二月河"商标。二月河成了文化圈的热点，各类报刊、媒体争相报道，一时间，有关二月河的信息铺天盖地，在编制年谱时则需要提纯，去粗取精，还原文学中的二月河。

由于二月河经历的特殊性，更囿于作者的视野，思维的广度、深度，这部《二月河年谱》有些地方不够详尽，尚存不充分、不完善之处，敬请读者批评指正！

在此还要特别说明，《二月河年谱》中选用了一些二月河的照片，多为网上公开传播的照片，因多种原因，不便与原作者联系，特表示真诚谢意！

吴圣刚

2023 年 8 月 6 日